Cocina Anti-Inflamatoria

Un Recetario para Principiantes que Cuida tu Bienestar

Sofía Martínez

Contenido

Revuelto de champiñones y espinacas 19

Porciones: 1 19

Ingredientes: 19

Indicaciones: 19

Panqueques salados para el desayuno 21

Porciones: 4 21

Ingredientes: 21

Indicaciones: 22

Frappe de café de arce 23

Porciones: 2 23

Ingredientes: 23

Indicaciones: 23

Muffins de mantequilla de maní y harina de almendras con chocolate ... 24

Ingredientes: 24

Indicaciones: 25

Delicioso tofu 26

Porciones: 4 26

Ingredientes: 26

Indicaciones: 26

Coliflor con queso y tomillo 28

Porciones: 2 28

Ingredientes: 28

Indicaciones: 29

- Muffins De Maíz Dulce 30
- Porciones: 1 30
- Ingredientes: 30
- Indicaciones: 30
- Semifrío fresco y afrutado 32
- Porciones: 2 32
- Ingredientes: 32
- Tosta de salmón con queso crema Porciones: 2 34
- Ingredientes: 34
- Indicaciones: 34
- Porciones de avena al horno con nueces y plátano 35
- Porciones: 9 35
- Ingredientes: 35
- Indicaciones: 36
- papas y frijoles 37
- Porciones: 4 37
- Ingredientes: 37
- Indicaciones: 38
- Melocotones Con Miel De Almendras Y Ricota 39
- Porciones: 6 39
- Ingredientes: 39
- Indicaciones: 39
- pan de calabacín 41
- Porciones: 6 41
- Ingredientes: 41
- Indicaciones: 42
- Porciones de palitos de canela y manzanas 43

Porciones: 4 43

Ingredientes: 43

Indicaciones: 44

Porciones de muffins de arándanos 45

Porciones: 10 45

Ingredientes: 45

Indicaciones: 46

Porciones de batido de arándanos 47

Porciones: 1 47

Ingredientes: 47

Indicaciones: 47

Camotes Rellenos De Manzana Y Canela Porciones: 4 49

Ingredientes: 49

Indicaciones: 49

tomates rellenos de huevo 51

Porciones: 2 51

Ingredientes: 51

Indicaciones: 52

Porciones revueltas de col rizada con cúrcuma 53

Porciones: 1 53

Ingredientes: 53

Indicaciones: 53

Cazuela de Queso y Chorizo con Gustosa Marinara 55

Ingredientes: 55

Indicaciones: 55

Budín de Chía con Leche Dorada Porciones: 4 57

Ingredientes: 57

Indicaciones: 57

Pastel de Zanahoria Porciones: 2 59

Ingredientes: 59

Indicaciones: 59

panqueques de miel 61

Porciones: 2 61

Ingredientes: 61

Indicaciones: 62

Crepes sin gluten Raciones: 10 64

Ingredientes: 64

Indicaciones: 65

Arroz de zanahoria con huevo revuelto 66

Porciones: 3 66

Ingredientes: 66

Indicaciones: 67

batatas para el desayuno 69

Porciones: 6 69

Ingredientes: 69

Indicaciones: 69

Muffins de huevo con queso feta y quinoa Porciones: 12 70

Ingredientes: 70

Indicaciones: 71

Buñuelos salados de garbanzos: 1 raciones 72

Ingredientes: 72

Indicaciones: 72

Latte de cúrcuma: 2 porciones 74

Ingredientes: 74

Indicaciones:	74
Shakshuka verde: 4 porciones	75
Ingredientes:	75
Indicaciones:	76
Pan Proteico de Quinoa:	78
Porciones 12	78
Ingredientes:	78
Indicaciones:	79
Muffins de zanahoria, coco y jengibre	81
Porciones: 12	81
Ingredientes:	81
Papilla tibia de miel: 4 porciones	83
Ingredientes:	83
Indicaciones:	83
Ensalada de desayuno:	84
4 porciones	84
Ingredientes:	84
Indicaciones:	85
Quinua rápida con canela y semillas de chía:	86
2 porciones	86
Ingredientes:	86
Indicaciones:	86
Waffles de boniato sin cereales	88
Porciones: 2	88
Ingredientes:	88
Indicaciones:	88
Tortilla de setas, quinoa y espárragos	90

Porciones: 3 90

Ingredientes: 90

Indicaciones: 91

Huevos Rancheros: 3 porciones 92

Ingredientes: 92

Indicaciones: 93

Tortilla de champiñones y espinacas 94

Porciones: 2 94

Ingredientes: 94

Indicaciones: 94

Waffles De Calabaza Y Plátano 96

Porciones: 4 96

Ingredientes: 96

Indicaciones: 97

Revuelto de salmón ahumado Raciones: 2 98

Ingredientes: 98

Indicaciones: 98

Risotto cremoso de parmesano con champiñones y coliflor 99

Ingredientes: 99

Indicaciones: 99

Rancho de brócoli asado con queso cheddar 101

Porciones: 2 101

Ingredientes: 101

Indicaciones: 101

Gachas súper proteicas 103

Porciones: 2 103

Ingredientes: 103

Indicaciones: 104

Avena con mango y coco 105

Porciones: 1 105

Ingredientes: 105

Indicaciones: 105

Porciones de tortilla de champiñones y espinacas 107

Porciones: 4 107

Ingredientes: 107

Indicaciones: 108

Manzanas con canela al vapor en olla de cocción lenta 109

Porciones: 6 109

Ingredientes: 109

Indicaciones: 109

pan de maíz integral 110

Porciones: 8 110

Ingredientes: 110

Indicaciones: 111

tortilla de tomate 112

Porciones: 1 112

Ingredientes: 112

Indicaciones: 112

Avena con azúcar moreno y canela 114

Porciones: 4 114

Ingredientes: 114

Indicaciones: 114

Gachas de avena con peras asadas 116

Porciones: 2 116

Ingredientes: 116

Indicaciones: 117

Crepes con crema dulce 119

Porciones: 2 119

Ingredientes: 119

Indicaciones: 119

Panqueques de harina de avena 121

Porciones: 1 121

Ingredientes: 121

Indicaciones: 121

Deliciosa avena con aroma a arce 123

Porciones: 4 123

Ingredientes: 123

Indicaciones: 123

Batido de fresa y kiwi 125

Porciones: 1 125

Ingredientes: 125

Indicaciones: 125

Gachas de linaza con canela 126

Porciones: 4 126

Ingredientes: 126

Indicaciones: 127

Barras de desayuno de arándanos y camote Tamaño de la porción: 8 .. 128

Ingredientes: 128

Indicaciones: 128

Avena al horno con especias de calabaza 130

Porciones: 6 130

Ingredientes: 130

Indicaciones: 131

Revuelto de espinacas y tomate 132

Porciones: 1 132

Ingredientes: 132

Indicaciones: 132

Batido tropical de zanahoria, jengibre y cúrcuma 134

Porciones: 1 134

Ingredientes: 134

Indicaciones: 135

Pan francés con canela y vainilla 136

Porciones: 4 136

Ingredientes: 136

Indicaciones: 136

Delicioso pavo 138

Porciones: 4 138

Ingredientes: 138

Indicaciones: 139

Espaguetis con Queso, Albahaca y Pesto 141

Ingredientes: 141

Indicaciones: 141

Batido de naranja y melocotón 143

Porciones: 2 143

Ingredientes: 143

Indicaciones: 143

Muffins De Plátano Y Mantequilla De Almendras 144

Porciones: 6 144

Ingredientes: 144

Indicaciones: 145

ricota inglesa 146

Porciones: 1 146

Ingredientes: 146

Indicaciones: 146

Batido antiinflamatorio de espinaca y cereza Porciones: 1 148

Ingredientes: 148

Indicaciones: 148

Shakshuka Picante 150

Porciones: 4 150

Ingredientes: 150

Indicaciones: 151

Leche Dorada por 5 minutos 153

Porciones: 1 153

Ingredientes: 153

Indicaciones: 154

Avena sencilla para el desayuno 155

Porciones: 1 155

Ingredientes: 155

Indicaciones: 155

Rosquillas de proteína de cúrcuma 157

Porciones: 8 157

Ingredientes: 157

Indicaciones: 157

Frittata de col rizada con queso cheddar 159

Porciones: 6 159

Ingredientes: 159

Indicaciones: 159

tortilla mediterranea 161

Porciones: 6 161

Ingredientes: 161

Indicaciones: 162

Alforfón Canela Jengibre Porciones Porciones: 5 163

Ingredientes: 163

Indicaciones: 164

panqueques de cilantro 165

Porciones: 6 165

Ingredientes: 165

Indicaciones: 166

Batido de pomelo y frambuesa Porciones: 1 167

Ingredientes: 167

Indicaciones: 167

Porciones de granola con mantequilla de maní 168

Porciones: 8 168

Ingredientes: 168

Indicaciones: 168

Huevos revueltos al horno con cúrcuma Porciones: 6 170

Ingredientes: 170

Indicaciones: 170

Tamaño de la porción de salvado de chía y avena para el desayuno: Tamaño de la porción: 2 172

Ingredientes: 172

Indicaciones: 172

Muffins de ruibarbo, manzana y jengibre 174

Porciones: 8 174

Ingredientes: 174

cereales y frutas para el desayuno 177

Porciones: 6 177

Ingredientes: 177

Indicaciones: 177

Bruschetta con tomate y albahaca 179

Porciones: 8 179

Ingredientes: 179

Indicaciones: 179

Panqueques De Canela Y Coco 181

Porciones: 2 181

Ingredientes: 181

Indicaciones: 181

Avellana, arándano, plátano, avena: Porciones: 6 183

Ingredientes: 183

Indicaciones: 184

Tosta con huevo escalfado y salmón 186

Porciones: 2 186

Ingredientes: 186

Indicaciones: 186

Budín con semillas de chía y canela 188

Porciones: 2 188

Ingredientes: 188

Indicaciones: 188

huevos y queso 189

Porciones: 1 189

Ingredientes: 189

Indicaciones: 189

Hash Browns Tex-Mex 191

Porciones: 4 191

Ingredientes: 191

Indicaciones: 191

Shirataki con Aguacate y Nata 193

Porciones: 2 193

Ingredientes: 193

Indicaciones: 193

Deliciosas porciones de papilla..195

Porciones: 2 195

Ingredientes: 195

Indicaciones: 196

Tortitas de harina de almendras con queso crema 197

Porciones: 2 197

Ingredientes: 197

Indicaciones: 197

Muffins de queso con semillas de lino y semillas de cáñamo Porciones: 2 199

Ingredientes: 199

Indicaciones: 200

Waffles De Coliflor Con Queso Y Cebollino 202

Porciones: 2 202

Ingredientes: 202

Indicaciones: 202

Sándwiches de desayuno 204
Porciones: 1 204
Ingredientes: 204
Indicaciones: 204
Magdalenas vegetarianas saladas 205
Porciones: 5 205
Ingredientes: 205
Indicaciones: 206
Panqueques de zucchini 208
Porciones: 8 208
Ingredientes: 208
Indicaciones: 209
Hamburguesa con huevo y aguacate 210
Porciones: 1 210
Ingredientes: 210
Indicaciones: 210
Espinacas sabrosas y cremosas 212
Porciones: 2 212
Ingredientes: 212
Indicaciones: 212
Avena especial de manzana y canela 214
Porciones: 2 214
Ingredientes: 214
Indicaciones: 214
Huevo y verduras (bomba antiinflamatoria) 216
Porciones: 4 216
Ingredientes: 216

Indicaciones: 217

Revuelto de champiñones y espinacas

Porciones: 1

Ingredientes:

2 claras de huevo

1 rebanada de pan tostado integral

½ taza champiñones frescos en rodajas

2 cucharadas. Queso americano sin grasa rallado

Pimienta

1 cucharadita. aceite de oliva

1 c. espinacas frescas picadas

1 huevo entero

Indicaciones:

1. A fuego medio-alto, coloque una sartén antiadherente y agregue el aceite. Agitar el aceite para cubrir la sartén y calentar durante un minuto.

2. Agregue las espinacas y los champiñones. Saltee hasta que la espinaca se ablande, alrededor de 2 a 3 minutos.

3. Mientras tanto, en un bol, bate bien el huevo, las claras y el queso.

Sazone con pimienta.

4. Vierta la mezcla de huevo en la sartén y revuelva hasta que los huevos estén bien cocidos, aproximadamente de 3 a 4 minutos.

5. Sirve y disfruta con una tostada integral.

<u>Información nutricional:</u>Calorías: 290,6, Grasas: 11,8 g, Carbohidratos: 21,8 g, Proteínas: 24,3 g, Azúcares: 1,4 g, Sodio: 1000 mg

Panqueques salados para el desayuno

Porciones: 4

Tiempo de cocción: 6 minutos

Ingredientes:

½ taza de harina de almendras

½ taza de harina de tapioca

1 taza de leche de coco

½ cucharadita de chile en polvo

¼ de cucharadita de cúrcuma en polvo

½ cebolla roja, picada

1 puñado de hojas de cilantro picadas

½ pulgada de jengibre, rallado

1 cucharadita de sal

¼ de cucharadita de pimienta negra molida

Indicaciones:

1. En un tazón, mezcle todos los ingredientes hasta que estén bien mezclados.

2. Caliente una sartén a fuego medio-bajo y engrase con aceite.

3. Vierta ¼ de taza de la masa en la sartén y extienda la mezcla para crear un panqueque.

4. Freír durante 3 minutos por cada lado.

5. Repita hasta que la masa esté lista.

<u>Información nutricional:</u>Calorías 108 Grasa total 2 g Grasa saturada 1 g Carbohidratos totales 20 g Carbohidratos netos 19,5 g Proteína 2 g Azúcar: 4 g Fibra: 0,5 g Sodio: 37 mg Potasio 95 mg

Frappe de café de arce

Porciones: 2

Ingredientes:

1 cucharada. cacao en polvo sin azúcar

½ taza leche baja en grasa

2 cucharadas. Jarabe de arce puro

½ taza café preparado

1 plátano maduro pequeño

1 c. yogur de vainilla bajo en grasa

Indicaciones:

1. Coloque el plátano en una licuadora o procesador de alimentos y haga puré.

2. Agregue los ingredientes restantes y mezcle hasta que la mezcla esté suave y cremosa.

3. Sirva inmediatamente.

Información nutricional: Calorías: 206, Grasas: 2 g, Carbohidratos: 38 g, Proteínas: 6 g, Azúcares: 17 g, Sodio: 65 mg

Muffins de mantequilla de maní y harina de almendras con chocolate

Porciones: 6

Tiempo de cocción: 25 minutos

Ingredientes:

1 taza de harina de almendras

1 cucharadita de polvo de hornear

1/8 cucharadita de sal

½ taza de eritritol

1/3 taza de leche de almendras, sin azúcar

2 huevos orgánicos

1/3 taza de mantequilla de maní, sin azúcar

2 cucharadas de granos de cacao

Indicaciones:

1. Encienda el horno, luego ajuste la temperatura a 350°F y deje que se precaliente.

2. Mientras tanto, poner la harina en un bol, añadir la levadura, la sal y el eritritol y mezclar hasta que se mezclen.

3. Luego vierta la leche, agregue los huevos y la mantequilla de maní, bata hasta incorporar y luego incorpore los granos de cacao.

4. Tome un molde para muffins de seis tazas, cubra las tazas con el molde para muffins, llénelos uniformemente con la masa preparada y hornee durante 25 minutos hasta que los muffins estén bien cocidos y dorados.

5. Cuando haya terminado, transfiera los panecillos a una rejilla para que se enfríen por completo, luego envuelva cada panecillo en papel aluminio y refrigere por hasta cinco días.

6. Sirva los muffins cuando estén listos para comer.

<u>Información nutricional:</u>Calorías 265, grasa total 20,5 g, carbohidratos totales 2 g, proteína 7,5 g

Delicioso tofu

Porciones: 4

Tiempo de cocción: 20 minutos

Ingredientes:

2 cucharaditas de aceite de sésamo tostado

1 cucharadita de vinagre de arroz

2 cucharadas de salsa de soja reducida en sodio

½ cucharadita de cebolla en polvo

1 cucharadita de ajo en polvo

1 bloque de tofu, cortado en cubitos

1 cucharada de fécula de patata

Indicaciones:

1. En un tazón, combine todos los ingredientes excepto el tofu y la fécula de patata.

2. Mezclar bien.

3. Agregue el tofu al tazón.

4. Dejar marinar durante 30 minutos.

5. Espolvorea el tofu con fécula de patata.

6. Agregue el tofu a la canasta de la freidora.

7. Freír al aire a 370 grados F durante 20 minutos, agitando a la mitad.

Coliflor con queso y tomillo

Porciones: 2

Tiempo de cocción: 15 minutos

Ingredientes:

½ taza de muzzarella rallada

¼ taza de parmesano rallado

¼ cabeza grande de coliflor

½ taza de col rizada

1 huevo orgánico grande

1 tallo de cebolla verde

½ cucharada de aceite de oliva

½ cucharadita de ajo en polvo

¼ cucharadita de sal

½ cucharada de semillas de sésamo

1 cucharadita de tomillo fresco, picado

¼ de cucharadita de pimienta negra molida

Indicaciones:

1. Coloque la coliflor en un procesador de alimentos, agregue la cebolleta, el colinabo y el tomillo y luego mezcle durante 2 a 3 minutos hasta que quede suave.

2. Vierta la mezcla en un tazón, agregue los ingredientes restantes y revuelva hasta que se mezclen.

3. Encienda la gofrera, engrásela con aceite y, cuando esté caliente, vierta en ella la mitad de la masa preparada, cierre la tapa y cocine hasta que esté dorada y firme.

4. Cuando haya terminado, transfiera los waffles a un plato y cocine otro waffle de la misma manera usando la masa restante.

5. Sirva inmediatamente.

<u>Información nutricional:</u>Calorías 144, Carbohidratos Totales 8.5, Grasa Total 9.4g, Proteína 9.3g, Azúcar 3g, Sodio 435mg

Muffins De Maíz Dulce

Porciones: 1

Ingredientes:

1 cucharada. levadura en polvo sin sodio

¾ c. leche no láctea

1 cucharadita. extracto puro de vainilla

½ taza azúcar

1 c. harina integral blanca

1 c. Harina de maíz

½ taza aceite de canola

Indicaciones:

1. Precaliente el horno a 400 ° F. Forre un molde para 12 muffins con papel aluminio y reserve.

2. Coloque la harina de maíz, la harina, el azúcar y el polvo de hornear en un tazón y mezcle bien para combinar.

3. Agregue la leche vegetal, el aceite y la vainilla y mezcle hasta que estén bien mezclados.

4. Divida la masa uniformemente entre los moldes para muffins. Coloque el molde para muffins en la rejilla del medio del horno y hornee durante 15 minutos.

5. Retire del horno y coloque sobre una rejilla para que se enfríe.

<u>Información nutricional:</u>Calorías: 203, Grasas: 9 g, Hidratos de carbono: 26 g, Proteínas: 3 g, Azúcares: 9,5 g, Sodio: 255 mg

Semifrío fresco y afrutado

Porciones: 2

Tiempo de cocción: 0 minutos

Ingredientes:

½ taza de frambuesas frescas

una pizca de canela

1 cucharadita de jarabe de arce

2 cucharadas de semillas de chía

16 oz de yogur natural

Fruta fresca: moras, nectarinas o fresas troceadasIndicaciones:

1. Usando un tenedor, triture las frambuesas en un tazón hasta obtener una consistencia similar a la de una mermelada. Agregue la canela, el almíbar y las semillas de chía. Continúe machacando hasta que se incorporen todos los ingredientes. Poner a un lado.

2. En dos vasos para servir, alterne capas de yogur y la mezcla.

Decorar con rodajas de fruta fresca.

Información nutricional:Calorías 315 Grasa: 8,7 g Proteína: 19,6 g Sodio: 164 mg Carbohidratos totales: 45,8 g Fibra dietética: 6,5 g

Tosta de salmón con queso crema Porciones: 2

Tiempo de cocción: 2 minutos

Ingredientes:

Tostadas integrales o de centeno, dos rebanadas

Cebolla roja, finamente picada, dos cucharadas

Queso crema, bajo en grasa, dos cucharadas

Hojuelas de albahaca, media cucharadita

Rúcula o espinaca, picada, 1/2 taza

Salmón ahumado, dos onzas

Indicaciones:

1. Tostar pan de trigo. Mezcla el queso crema y la albahaca y unta esta mezcla sobre la tostada. Añadir el salmón, la rúcula y la cebolla.

Información nutricional:Calorías 291 grasa 15,2 gramos carbohidratos 17,8 gramos de azúcar 3 gramos

Porciones de avena al horno con nueces y plátano

Porciones: 9

Tiempo de cocción: 40 minutos

Ingredientes:

Copos de avena - 2.25 tazas

Plátano, puré - 1 taza

huevos - 2

Pasta de dátiles - 2 cucharadas

Aceite de soja - 3 cucharadas

Leche de almendras, sin azúcar - 1 taza

extracto de vainilla - 1 cucharadita

Sal marina - 0.5 cucharadita

canela - 1 cucharadita

polvo de hornear - 1 cucharadita

nueces, picadas - 0.5 taza

Indicaciones:

1. Caliente el horno a 350 grados Fahrenheit y engrase o forre una bandeja para hornear de ocho por ocho con pergamino de cocina para evitar que se pegue.

2. En un tazón, mezcle la pasta de dátiles con el puré de plátano, la leche de almendras, los huevos, el aceite de soya y la vainilla. Bate esta mezcla hasta que la pasta de dátiles esté completamente combinada con los demás ingredientes sin grumos. Pero los grumos del puré de plátano están bien.

3. Agregue la avena arrollada, la canela, la sal marina y el polvo de hornear a la mezcla de plátano, luego agregue suavemente las nueces picadas.

4. Una vez que se combinen la avena con plátano y nuez, esparza la mezcla en el fondo de la bandeja para hornear preparada y coloque la fuente en el centro del horno caliente. Deje cocinar hasta que la avena esté dorada y firme, alrededor de treinta a treinta y cinco minutos. Retire el plato de avena horneado del horno y deje que se enfríe durante al menos cinco minutos antes de servir. Para disfrutar solo o con fruta fresca y yogur.

papas y frijoles

Porciones: 4

Tiempo de cocción: 50 minutos

Ingredientes:

Papas, cortadas en cubitos - 4 tazas

Champiñones, en rodajas - 0.5 taza

Pimiento morrón cortado en cubitos - 1

Calabacín, cortado en cubitos - 1 taza

Calabaza amarilla, cortada en cubitos - 1 taza

Frijoles pintos, cocidos - 1.75 taza

Pimienta negra, molida - 0.25 cucharadita

Pimentón, molido - 0.5 cucharadita

Sal marina - 0.5 cucharadita

Cebolla en polvo - 1.5 cucharaditas

Ajo en polvo - 1,5 cucharaditas

Indicaciones:

1. Caliente el horno a 425 grados Fahrenheit y cubra una bandeja para hornear de aluminio grande con papel pergamino.

2. Agregue las papas cortadas en cubitos a la bandeja para hornear y sazónelas con sal marina y pimienta negra. Coloque las papas cortadas en cubitos sazonadas en el horno para asar durante veinticinco minutos. Retire las papas y mezcle bien.

3. Mientras tanto, mezcle los ingredientes restantes del hachís en una sartén grande apta para horno. Después de saltear las patatas parcialmente asadas, coloque la bandeja para patatas y la bandeja para verduras en el horno. Deje que ambas porciones de hachís se tuesten durante otros quince minutos.

4. Retire la sartén y la sartén del horno y mezcle el contenido de la sartén con las papas asadas. Servir solo o con huevos.

Melocotones Con Miel De Almendras Y Ricota

Porciones: 6

Tiempo de cocción: 0 minutos

Ingredientes:

Propagación

Requesón, leche descremada, una taza

Miel, una cucharadita

Almendras, en rodajas finas, media taza

Extracto de almendras, un cuarto de cucharadita

Servir

Duraznos, en rodajas, una taza

Pan integral, bagels o tostadas

Indicaciones:

1. Mezclar el extracto de almendras, miel, ricota y almendras. Extienda una cucharada de esta mezcla sobre el pan tostado y cubra con los melocotones.

<u>Información nutricional:</u>Calorías 230 Proteína 9 gramos Grasa 8 gramos Carbohidratos 37 gramos Fibra 3 gramos Azúcar 34 gramos

pan de calabacín

Porciones: 6

Tiempo de cocción: 70 minutos

Ingredientes:

Harina integral blanca - 2 tazas

Bicarbonato de sodio - 1 cucharadita

Polvo de hornear - 2 cucharaditas

Sal marina - 0.5 cucharadita

Canela, molida - 2 cucharaditas

Huevo, grande - 1

extracto de vainilla - 1 cucharadita

Puré de manzana, sin azúcar - 0.5 taza

Calabacín, rallado - 2 tazas

Edulcorante de fruta de monje Lakanto - 0.75 taza

Indicaciones:

1. Caliente el horno a 350 grados Fahrenheit y cubra una bandeja para hornear de nueve por cinco pulgadas con pergamino o engrásela.

2. En un tazón grande, mezcle el puré de manzana, el calabacín, el extracto de vainilla, el edulcorante de fruta del monje, el huevo y el extracto de vainilla. En una fuente para hornear separada, combine los ingredientes secos para que no se formen grumos con la levadura o la soda.

3. Agregue los ingredientes secos mezclados para el pan de calabacín a los ingredientes húmedos y mezcle suavemente los dos, hasta que estén bien mezclados.

Raspe la sartén para amasar la masa, vertiendo el contenido en la sartén preparada.

4. Coloque el pan de calabacín en el horno y déjelo cocinar hasta que esté bien cocido. Está listo cuando, una vez insertado, se puede quitar un palillo limpiamente, alrededor de una hora.

5. Retire la fuente con el calabacín del horno y deje que se enfríe durante diez minutos antes de retirar la hogaza de calabacín de la fuente y transferir la hogaza a una rejilla para terminar de enfriar. Espere a que el pan de calabacín se enfríe por completo antes de cortarlo.

Porciones de palitos de canela y manzanas

Porciones: 4

Tiempo de cocción: 35 minutos

Ingredientes:

Avena - 1 taza

Canela, molida - 1 cucharadita

Polvo de hornear - 0,5 cucharaditas

Bicarbonato de sodio - 0,5 cucharaditas

extracto de vainilla - 1 cucharadita

Sal marina - 0.125 cucharadita

Edulcorante de fruta de monje Lakanto - 3 cucharadas de manzana, pelada y cortada en cubitos - 1

Yogur, normal - 3 cucharadas

Aceite de soja - 1 cucharada

huevos - 2

Indicaciones:

1. Caliente el horno a 350 grados Fahrenheit y forre un molde cuadrado de ocho por ocho pulgadas con papel pergamino de cocina.

2. En una licuadora, agregue las tres cuartas partes de la avena y los ingredientes restantes. Licúa hasta que se mezclen y luego usa una espátula para incorporar la última avena restante. Vierta la mezcla en el molde para hornear preparado y luego colóquelo en el centro del horno para cocinar hasta que las barras de manzana y canela estén bien cocidas, alrededor de veinticinco a treinta minutos. Las barras están listas cuando se inserta un cuchillo o un palillo y se retira limpiamente.

3. Retire el molde para pan de manzana y canela del horno y deje que las barras se enfríen por completo antes de rebanarlas y enfriarlas en el refrigerador.

Si bien puedes comer estas barras a temperatura ambiente, son mejores cuando las dejas enfriar un poco primero.

Porciones de muffins de arándanos

Porciones: 10

Tiempo de cocción: 22-25 minutos

Ingredientes:

2½ tazas de harina de almendras

1 cucharada de harina de coco

½ cucharadita de bicarbonato de sodio

3 cucharadas de canela molida, dividida

Sal al gusto

2 huevos orgánicos

¼ taza de leche de coco

¼ taza de aceite de coco

¼ taza de jarabe de arce

1 cucharada de saborizante orgánico de vainilla

1 taza de arándanos frescos

Indicaciones:

1. Precaliente el horno a 350 grados F. Engrase 10 tazas de un molde grande para muffins.

2. En un tazón grande, mezcle las harinas, el bicarbonato de sodio, 2 cucharadas de canela y la sal.

3. En otro tazón, agregue los huevos, la leche, el aceite, el jarabe de arce y la vainilla y bata hasta que se mezclen.

4. Agregue la mezcla de huevo a la mezcla de harina y mezcle hasta que esté bien combinado.

5. Agregue los arándanos.

6. Distribuya uniformemente la combinación en moldes para muffins preparados.

7. Espolvorea canela de manera uniforme.

8. Hornee durante aproximadamente 22-25 minutos o hasta que al insertar un palillo en el centro, éste salga limpio.

<u>Información nutricional:</u>Calorías: 328, Grasa: 11g, Carbohidratos: 29g, Fibra: 5g, Proteína: 19g

Porciones de batido de arándanos

Porciones: 1

Tiempo de cocción: 0 minutos

Ingredientes:

1 plátano, pelado

2 puñados de espinacas baby

1 cucharada de mantequilla de almendras

½ taza de arándanos

¼ de cucharadita de canela molida

1 cucharadita de maca en polvo

½ taza de agua

½ taza de leche de almendras, sin azúcar

Indicaciones:

1. En tu licuadora, mezcla las espinacas con el plátano, los arándanos, la mantequilla de almendras, la canela, la maca en polvo, el agua y la leche. Mezclar bien, verter en un vaso y servir.

2. ¡Diviértete!

Información nutricional: calorías 341, grasa 12, fibra 11, carbohidratos 54, proteína 10

Camotes Rellenos De Manzana Y Canela

Porciones: 4

Tiempo de cocción: 10 minutos

Ingredientes:

Boniatos, al horno - 4

Manzanas rojas, en cubitos - 3

Agua - 0.25 taza

Sal marina - pizca

Canela, molida - 1 cucharadita

Clavo, molido - 0.125 cucharadita

Jengibre, molido - 0.5 cucharadita

Pacanas, picadas - 0.25 taza

Mantequilla de almendras - 0.25 taza

Indicaciones:

1. En una sartén antiadherente grande, combine las manzanas con el agua, la sal marina, las especias y las nueces. Cubra las manzanas con una tapa

bien ajustada y déjelas cocer a fuego lento durante unos 5-7 minutos, hasta que estén tiernas.

El tiempo exacto de cocción de las manzanas especiadas dependerá del tamaño de las rodajas de manzana y de la variedad de manzanas que utilice.

2. Reduzca a la mitad las batatas horneadas, colocando cada mitad en una fuente para servir. Cuando las manzanas estén bien cocidas, cubra las batatas con ellas y luego rocíe con la mantequilla de almendras.

Servir aún caliente.

tomates rellenos de huevo

Porciones: 2

Tiempo de cocción: 40 minutos

Ingredientes:

Tomates, grandes, maduros - 2

huevos - 2

Parmesano, rallado - 0.25 taza

Cebolla verde, en rodajas - 3

Ajo, picado - 2 dientes

Perejil, fresco - 1 cucharada

Sal marina - 0.5 cucharadita

Aceite de oliva virgen extra - 1 cucharada

Pimienta negra, molida - 0.5 cucharadita

Indicaciones:

1. Caliente el horno a 350 grados Fahrenheit y prepare una fuente apta para horno para cocinar.

2. En una tabla de cortar, corte la parte superior del tomate alrededor del tallo. Usa una cuchara para sacar suavemente el interior del tomate donde lo cortaste y quita las semillas de la fruta, desechándolas.

Debes quedarte con una envoltura de la fruta de tomate, menos el exceso de líquido y semillas.

3. En una fuente para horno, combine la sal marina, la pimienta negra y el perejil fresco. Una vez combinados, extienda la mitad de la mezcla en cada tomate, usando su mano o una cuchara para distribuir los condimentos alrededor de la pared interior del tomate.

4. En la sartén, caliente el ajo y las cebollas verdes en el aceite de oliva a fuego medio hasta que estén suaves y fragantes, alrededor de 4 a 5 minutos. Una vez cocido, agrega el queso parmesano y reparte la mezcla entre los dos tomates, colocándolo dentro. Ahora que la sartén está vacía, transfiera los tomates de la tabla de cortar a la sartén. Finalmente, rompa un huevo en cada tomate.

5. Coloque la fuente con los tomates rellenos en el horno caliente y déjelo asar hasta que el huevo esté bien cocido, unos veinticinco a treinta minutos. Sacar del horno el plato con los tomates rellenos de huevo y servir templado, solo o con tostadas de pan integral.

Porciones revueltas de col rizada con cúrcuma

Porciones: 1

Tiempo de cocción: 10 minutos

Ingredientes:

Aceite de oliva, dos cucharadas

Col rizada, rallada, media taza

Brotes, media taza

Ajo, picado, una cucharada

Pimienta negra, un cuarto de cucharadita

Cúrcuma, molida, una cucharada

huevos, dos

Indicaciones:

1. Batir los huevos y agregar la cúrcuma, la pimienta negra y el ajo.

Saltee la col rizada en el aceite de oliva a fuego medio durante cinco minutos, luego vierta esta mezcla de huevo en la sartén con la col rizada.

Continúe cocinando, revolviendo con frecuencia, hasta que los huevos estén bien cocidos. Complete con brotes crudos y sirva.

Información nutricional: Calorías 137 grasa 8,4 gramos carbohidratos 7,9 gramos fibra 4,8

gramos de azúcar 1,8 gramos de proteína 13,2 gramos

Cazuela de Queso y Chorizo con Gustosa Marinara

Porciones: 6

Tiempo de cocción: 20 minutos

Ingredientes:

½ cucharada de aceite de oliva

½ libra de chorizo

2.5 oz de salsa marinara

120 g de parmesano rallado

120 g de mozzarella rallada

Indicaciones:

1. Encienda el horno, luego ajuste la temperatura a 375 °F y deje que se precaliente.

2. Tome una fuente para horno, engrásela con aceite, agregue la mitad de la salchicha, bátala y extiéndala uniformemente en el fondo de la fuente para horno.

3. Cubra la salchicha en la asadera con la mitad de cada salsa marinara, queso parmesano y mozzarella, luego esparza la salchicha restante encima.

4. Coloque la salchicha con la salsa marinara restante, el parmesano y la mozzarella y hornee durante 20 minutos hasta que la salchicha esté bien cocida y los quesos se derritan.

5. Cuando termine, deje que la cacerola se enfríe por completo, luego divídala en partes iguales entre seis recipientes herméticos y refrigere hasta por 12 días.

6. Cuando esté listo para comer, vuelva a calentar la cacerola en el microondas hasta que esté caliente y sirva.

Información nutricional: Calorías 353, grasa total 24,3 g, carbohidratos totales 5,5 g, proteína 28,4, azúcar 5 g, sodio 902 mg

Budín de Chía con Leche Dorada Porciones: 4

Tiempo de cocción: 0 minutos

Ingredientes:

4 tazas de leche de coco

3 cucharadas de miel

1 cucharadita de extracto de vainilla

1 cucharadita de cúrcuma molida

½ cucharadita de canela molida

½ cucharadita de jengibre molido

¾ taza de yogur de coco

½ taza de semillas de chía

1 taza de bayas frescas

¼ taza de hojuelas de coco tostado

Indicaciones:

1. En un tazón, combine la leche de coco, la miel, el extracto de vainilla, la cúrcuma, la canela y el jengibre. Añade el yogur de coco.

2. En tazones, coloque las semillas de chía, las bayas y las hojuelas de coco.

3. Vierta la mezcla de leche.

4. Dejar enfriar en el frigorífico durante 6 horas.

Información nutricional:Calorías 337 Grasa total 11 g Grasa saturada 2 g Carbohidratos totales 51 g Carbohidratos netos 49 g Proteína 10 g Azúcar: 29 g Fibra: 2 g Sodio: 262 mg Potasio 508 mg

Pastel de Zanahoria Porciones: 2

Tiempo de cocción: 1 minuto

Ingredientes:

Leche de coco o de almendras, una taza

Semillas de chía, una cucharada

Canela, molida, una cucharadita

Pasas, media taza

Queso crema, bajo en grasa, dos cucharadas a temperatura ambiente

Zanahoria, una grande pelar y triturar

Miel, dos cucharadas

vainilla, una cucharadita

Indicaciones:

1. Mezcle todos los elementos enumerados y guárdelos en un recipiente seguro refrigerado durante la noche. Comer frío por la mañana. Si elige recalentarlo, colóquelo en el microondas por un minuto y revuelva bien antes de comer.

Información nutricional: Calorías 340 azúcar 32 gramos proteína 8 gramos grasa 4

gramos de fibra 9 gramos de carbohidratos 70 gramos

panqueques de miel

Porciones: 2

Tiempo de cocción: 5 minutos

Ingredientes:

½ taza de harina de almendras

2 cucharadas de harina de coco

1 cucharada de linaza molida

¼ de cucharadita de bicarbonato de sodio

½ cucharada de jengibre molido

½ cucharada de nuez moscada molida

½ cucharada de canela molida

½ cucharadita de clavo molido

Pizca de sal

2 cucharadas de miel orgánica

¾ taza de claras de huevo orgánicas

½ cucharadita de extracto de vainilla orgánico

Aceite de coco, al gusto

Indicaciones:

1. En un tazón grande, mezcle las harinas, la linaza, el bicarbonato de sodio, las especias y la sal.

2. En otro tazón, agregue la miel, las claras de huevo y la vainilla y bata hasta que quede suave.

3. Agregue la mezcla de huevo a la mezcla de harina y mezcle hasta que esté bien combinado.

4. Engrase ligeramente una sartén grande antiadherente con aceite y caliéntela a fuego medio-bajo.

5. Agregue aproximadamente ¼ de taza de la mezcla e incline la sartén para distribuirla uniformemente dentro de la sartén.

6. Cocine durante unos 3-4 minutos.

7. Con cuidado, adapte el costado y cocine aproximadamente 1 minuto más.

8. Repita con la mezcla restante.

9. Sirva con la guarnición deseada.

Información nutricional: Calorías: 291, Grasa: 8g, Carbohidratos: 26g, Fibra: 4g, Proteína: 23g

Crepes sin gluten Raciones: 10

Tiempo de cocción: 30 minutos

Ingredientes:

Opción 1

Prepare crepes con una mezcla para panqueques y gofres sin gluten y sin caucho

3 cucharadas de azúcar

1 1/2 tazas de mezcla para panqueques sin gluten

1 taza de agua fría

2 huevos

2 cucharadas de mantequilla, derretida

opcion 2

Haga crepes con su mezcla de harina sin gluten y sin caucho favorita:

2 cucharadas de mantequilla, derretida

3 cucharadas de azúcar

1 taza de agua fría

2 cucharadas de agua fría

2 huevos

1 1/2 tazas de harina sin gluten

1/2 cucharadita de levadura en polvo sin gluten o mezclar partes iguales de bicarbonato de sodio y cremor tártaro

1/2 cucharadita de extracto de vainilla

Indicaciones:

1. En un tazón grande, mezcle todos los ingredientes de la crepa y bata hasta que los grumos se disuelvan. Deje reposar la mezcla a temperatura ambiente durante unos 15 minutos. Después de 15 minutos se espesará.

2. Caliente la sartén muy caliente, rocíela con aceite en aerosol y vierta una pequeña cantidad de masa en la sartén con una cuchara sopera o 1/4

taza medidora mientras hace rodar el molde desde un lado.

3. Deje que esta fina capa de masa para crepas se cocine durante 1, 2 o 3 minutos, luego voltee la crepa hacia el otro lado y cocine por otro minuto.

<u>Información nutricional:</u>Calorías 100 Carbohidratos: 14 g Grasa: 4 g Proteína: 3 g

Arroz de zanahoria con huevo revuelto

Porciones: 3

Tiempo de cocción: 3 horas

Ingredientes:

Para la salsa de soja dulce Tamari

3 cucharadas de salsa tamari (sin gluten)

1 cucharada de agua

2-3 cucharadas de melaza

Para mezclas picantes

3 dientes de ajo

1 chalote pequeño (en rodajas)

2 chiles rojos largos

Una pizca de jengibre molido

Para el arroz con zanahoria:

2 cucharadas de aceite de sésamo

5 huevos

4 zanahorias grandes

8 onzas de salchicha (pollo o cualquier tipo, sin gluten y picada).

1 cucharada de salsa de soja dulce

1 taza de brotes de soja

1/2 taza de brócoli cortado en cubitos

Sal y pimienta para probar

Adornar:

Cilantro

Salsa picante asiática

semillas de sésamo

Indicaciones:

1. Para la salsa:

2. En una cacerola, hierva la melaza, el agua y el tamari a fuego alto.

3. Baje el fuego después de que la salsa hierva y cocine hasta que la melaza se disuelva por completo.

4. Ponga la salsa en un recipiente aparte.

5. Para el arroz de zanahoria:

6. En un tazón, combine el jengibre, el ajo, la cebolla y los chiles rojos.

7. Para hacer arroz con zanahorias, enrolle las zanahorias en un espiralizador.

8. Mezcle las zanahorias en espiral en un procesador de alimentos.

9. Corte el brócoli en dados. 10. Agregue la salchicha, las zanahorias, el brócoli y los brotes de soja al tazón de cebolla, jengibre, ajo y chile.

11. Agregue la mezcla de vegetales picantes y la salsa tamari a la olla de cocción lenta.

12. Ponga la estufa a temperatura alta durante 3 horas oa temperatura baja durante 6 horas.

13. Revuelva dos huevos en una sartén o sartén antiadherente.

14. Emplatar el arroz de zanahoria y añadir encima los huevos revueltos.

15. Adorne con semillas de sésamo, salsa de chile asiático y cilantro.

Información nutricional:Calorías 230 mg Grasa total: 13,7 g Carbohidratos: 15,9 g Proteína: 12,2 g Azúcar: 8 g Fibra 4,4 g Sodio: 1060 mg Colesterol: 239 mg.

batatas para el desayuno

Porciones: 6

Tiempo de cocción: 15 minutos

Ingredientes:

2 batatas, cortadas en cubos

2 cucharadas de aceite de oliva

1 cucharada de pimentón

1 cucharadita de hierba de eneldo seco

Pimienta la necesaria

Indicaciones:

1. Precaliente la freidora a 400 grados F.

2. Combine todos los ingredientes en un tazón.

3. Transfiera a su freidora de aire.

4. Cocine por 15 minutos, revolviendo cada 5 minutos.

Muffins de huevo con queso feta y quinoa

Porciones: 12

Tiempo de cocción: 30 minutos

Ingredientes:

huevos, ocho

Tomates, picados, una taza

Sal, un cuarto de cucharadita

Feta, una taza

Quinoa, una taza cocida

Aceite de oliva, dos cucharaditas

Orégano, chuleta fresca, una cuchara

Aceitunas negras, picadas, un cuarto de taza

Cebolla, picada, un cuarto de taza

Espinacas baby, picadas, dos tazas

Indicaciones:

1. Caliente el horno a 350. Rocíe con aceite un molde para muffins de doce tazas. Cocine las espinacas, el orégano, las aceitunas, la cebolla y los tomates durante cinco minutos en el aceite de oliva a fuego medio. Batir los huevos. Añadimos la mezcla de verduras cocidas a los huevos con el queso y la sal. Vierta la mezcla en moldes para muffins. Cocine treinta minutos. Estos se mantendrán frescos en la nevera durante dos días. Para comer, simplemente envuélvalo en una toalla de papel y caliéntelo en el microondas durante treinta segundos.

Información nutricional:Calorías 113 carbohidratos 5 gramos de proteína 6 gramos de grasa 7

gramos de azúcar 1 gramo

Buñuelos salados de garbanzos: 1 raciones

Tiempo de cocción: 15 minutos

Ingredientes:

Agua - 0.5 taza, más 2 cucharadas

Cebolla, finamente picada - 0.25 taza

Pimiento morrón, cortado en cubitos - 0.25 taza

Harina de garbanzos - 0.5 taza

Polvo de hornear - 0.25 cucharadita

Sal marina - 0,25 cucharadita

Ajo en polvo - 0.25 cucharadita

Hojuelas de pimiento rojo - 0.125 cucharadita

Pimienta negra, molida - 0.125 cucharadita

Indicaciones:

1. Caliente una sartén antiadherente de diez pulgadas a fuego medio mientras prepara la masa para panqueques de garbanzos.

2. En una fuente para horno, mezcle la harina de garbanzos con el polvo de hornear y los condimentos. Una vez combinados, mezcle el agua y bata vigorosamente durante quince a treinta segundos, para crear muchas burbujas de aire en la masa de garbanzos y que se pudran y se aglomeren.

Incorporar la cebolla picada y el pimiento.

3. Una vez que la sartén esté caliente, vierta toda la masa en ella de una vez para crear un panqueque grande. Mueva la sartén con movimientos circulares para distribuir la masa uniformemente por todo el fondo de la sartén, luego déjela reposar sin tocarla.

4. Cocine el buñuelo de garbanzos hasta que cuaje y se pueda voltear fácilmente sin que se deshaga, alrededor de 5 a 7 minutos. El fondo debe estar dorado. Voltee con cuidado el buñuelo de garbanzos con una espátula grande y cocine el otro lado durante otros cinco minutos.

5. Retire del fuego la sartén con el sabroso buñuelo de garbanzos y transfiera el buñuelo a un plato, manteniéndolo entero o cortándolo en gajos. Sirva con su elección de salsas y salsas saladas.

Latte de cúrcuma: 2 porciones

Tiempo de cocción: 5 minutos

Ingredientes:

1 1/2 tazas de leche de coco, sin azúcar

1 1/2 tazas de leche de almendras, sin azúcar

¼ de cucharadita de jengibre molido

1 ½ cucharadita de cúrcuma molida

1 cucharada de aceite de coco

¼ de cucharadita de canela molida

Indicaciones:

1. Ponga la leche de coco y almendras en una cacerola y caliente a fuego medio, agregue el jengibre, el aceite, la cúrcuma y la canela. Revuelva y cocine por 5 minutos, divida en tazones y sirva.

2. ¡Diviértete!

Información nutricional: calorías 171, grasa 3, fibra 4, carbohidratos 6, proteína 7

Shakshuka verde: 4 porciones

Tiempo de cocción: 25 minutos

Ingredientes:

2 cucharadas de aceite de oliva virgen extra

1 cebolla, picada

2 dientes de ajo, picados

1 jalapeño, sin semillas y picado

1 libra de espinacas (descongeladas si están congeladas)

1 cucharadita de comino seco

¾ cucharadita de cilantro

Sal y pimienta negra recién molida

2 cucharadas de harissa

½ taza de caldo de verduras

8 huevos grandes

Perejil fresco picado, si es necesario para servir Cilantro fresco picado, si es necesario para servir Hojuelas de chile, si es necesario para servir

Indicaciones:

1. Precaliente el horno a 350°F.

2. Caliente el aceite de oliva en una sartén grande apta para horno a fuego medio. Agregue la cebolla y saltee durante 4-5 minutos. Agregue el ajo y el jalapeño, luego saltee 1 minuto más hasta que esté fragante.

3. Agregue la espinaca y cocine hasta que se ablande por completo si está fresca, de 4 a 5 minutos o de 1 a 2 minutos si está descongelada, hasta que se caliente por completo.

4. Sazone con comino, pimienta, cilantro, sal y harissa. Cocine durante aproximadamente 1 minuto, hasta que esté fragante.

5. Transfiera la mezcla a un tazón de procesador de alimentos o licuadora y mezcle hasta obtener una consistencia gruesa. Agregue el caldo y mezcle hasta que la mezcla esté suave y espesa.

6. Limpie la sartén y espolvoréela con spray antiadherente para cocinar. Vierta la mezcla de espinacas en la sartén y haga ocho pocillos circulares con una cuchara de madera.

7. Rompe los huevos en los tubos, suavemente. Transfiera la bandeja al horno y hornee durante 20 a 25 minutos hasta que las claras de huevo estén completamente endurecidas pero las yemas todavía estén un poco nerviosas.

8. Espolvorea perejil, cilantro y hojuelas de pimiento rojo sobre el shakshuka, al gusto. Servir inmediatamente.

Información nutricional: 251 Calorías 17g Grasas 10g Carbohidratos 17g Proteínas 3g Azúcares

Pan Proteico de Quinoa:

Porciones 12

Tiempo de cocción: 1 hora y 45 minutos

Ingredientes:

harina de garbanzos - 1 taza

harina de quinua tostada - 1 taza

Fécula de patata - 1 taza

Harina de sorgo - 1 taza

Goma xantana - 2 cucharaditas

Sal marina - 1 cucharadita

Agua, tibia - 1.5 tazas

Levadura seca activa - 1,5 cucharaditas

Pasta de dátiles - 2 cucharadas

Semillas de amapola - 1 cucharada

Semillas de girasol - 1 cucharada

Pepitas - 2 cucharadas

Aceite de aguacate - 3 cucharadas

Huevos, temperatura ambiente - 3

Indicaciones:

1. Prepare un molde para pan de nueve por cinco pulgadas forrándolo con pergamino de cocina y luego engrasándolo ligeramente.

2. En una fuente para horno, mezcle el agua caliente, la pasta de dátiles y la levadura hasta que el contenido se disuelva por completo. Deje reposar esta mezcla de pan de quinua durante cinco a diez minutos, hasta que la levadura se haya inflado y inflado; esto debe hacerse en un ambiente cálido.

3. Mientras tanto, en una fuente para horno más grande, preferiblemente una para batidora de pie, combine las harinas, el almidón, la goma xantana y la sal marina hasta que se combinen. Finalmente, en una fuente pequeña para hornear, mezcle el aceite de aguacate y los huevos. Déjalos a un lado mientras esperas que la levadura termine de florecer.

4. Una vez que la levadura haya florecido, gire la batidora de pie con la mezcla de harina a fuego lento y vierta la mezcla de levadura en ella. Permita que la batidora de pie con el accesorio de paleta combine el líquido y la harina por unos momentos antes de agregar la mezcla de huevo y aceite. Continúe dejando que esta mezcla se mezcle durante dos minutos hasta que forme una mezcla cohesiva.

bola de masa Agregue las semillas a la masa y mezcle durante otro minuto a velocidad media. Ten en cuenta que la masa será más húmeda y menos elástica que la masa hecha con harina tradicional, ya que no contiene gluten.

5. Vierta la masa de proteína de quinua en el molde para hornear preparado, cúbralo con plástico de cocina o un trapo limpio y húmedo, y déjelo crecer en un lugar cálido y sin corrientes de aire hasta que doble su tamaño, aproximadamente cuarenta minutos.

Mientras tanto, caliente el horno a 375 grados Fahrenheit.

6. Coloque el pan levantado en el centro del horno y deje que se cocine hasta que esté bien cocido y dorado. Cuando toques la hogaza de pan de proteína de quinua, debe sonar hueca. Retire el molde para pan de proteína de quinua del horno y deje que se enfríe durante cinco minutos antes de retirar el pan de proteína de quinua del molde y transferirlo a una rejilla para terminar de enfriar. Deje que el pan de quinua se enfríe por completo antes de cortarlo.

Muffins de zanahoria, coco y jengibre

Porciones: 12

Tiempo de cocción: 20-22 minutos

Ingredientes:

2 tazas de harina de almendras blanqueadas

½ taza de coco rallado sin azúcar

1 cucharadita de bicarbonato de sodio

½ cucharadita de pimienta de Jamaica

½ cucharadita de jengibre molido

Una pizca de clavo molido

Sal al gusto

3 huevos orgánicos

½ taza de miel orgánica

½ taza de aceite de coco

1 taza de zanahorias, peladas y ralladas

2 cucharadas de jengibre fresco, pelado y rallado ¾ taza de pasas, remojadas en agua por 15 minutos y escurridas

Indicaciones:

1. Precaliente el horno a 350 grados F. Engrase 12 tazas de un molde grande para muffins.

2. En un tazón lo suficientemente grande, mezcle la harina, los trozos de coco, el bicarbonato de sodio, las especias y la sal.

3. En otro tazón, agregue los huevos, la miel y el aceite y bata hasta que quede suave.

4. Agregue la mezcla de huevo a la mezcla de harina y mezcle hasta que esté bien combinado.

5. Agregue la zanahoria, el jengibre y las pasas.

6. Esparza la mezcla uniformemente en los moldes para muffins preparados.

7. Hornee durante aproximadamente 20-22 minutos o hasta que al insertar un palillo en el centro, éste salga limpio.

Información nutricional: Calorías: 352, Grasa: 13g, Carbohidratos: 33g, Fibra: 9g, Proteína: 15g

Papilla tibia de miel: 4 porciones

Ingredientes:

¼ c. Miel

½ taza avena

3 c. agua hirviendo

¾ c. Trigo hervido, trigo vulgar

Indicaciones:

1. Coloque el bulgur y los copos de avena en una cacerola. Agregue el agua hirviendo y revuelva para combinar.

2. Coloque la sartén a fuego alto y deje hervir. Una vez que hierva, reduzca el fuego a bajo, luego cubra y cocine a fuego lento durante 10 minutos, revolviendo ocasionalmente.

3. Retire del fuego, agregue la miel y sirva inmediatamente.

Información nutricional: Calorías: 172, Grasas: 1 g, Carbohidratos: 40 g, Proteínas: 4 g, Azúcares: 5 g, Sodio: 20 mg

Ensalada de desayuno:

4 porciones

Tiempo de cocción: 0 minutos

Ingredientes:

27 onzas de ensalada de col mezclada con frutas secas 1 1/2 tazas de arándanos

15 onzas de remolachas, cocidas, peladas y cortadas en cubitos

¼ taza de aceite de oliva

2 cucharadas de vinagre de sidra de manzana

1 cucharadita de cúrcuma en polvo

1 cucharada de jugo de limón

1 diente de ajo, picado

1 cucharadita de jengibre fresco rallado

Una pizca de pimienta negra

Indicaciones:

1. En una ensaladera, mezcle la col rizada y los frutos secos con la remolacha y los arándanos. En un recipiente aparte, mezcle el aceite con el vinagre, la cúrcuma, el jugo de limón, el ajo, el jengibre y una pizca de pimienta negra, bata bien y vierta sobre la ensalada, mezcle y sirva.

2. ¡Diviértete!

<u>Información nutricional:</u>calorías 188, grasa 4, fibra 6, carbohidratos 14, proteína 7

Quinua rápida con canela y semillas de chía:

2 porciones

Tiempo de cocción: 3 minutos

Ingredientes:

2 tazas de quinua, precocida

1 taza de leche de marañón

½ cucharadita de canela molida

1 taza de arándanos frescos

¼ taza de nueces tostadas

2 cucharaditas de miel cruda

1 cucharada de semillas de chía

Indicaciones:

1. A fuego medio-bajo, agregue la quinua y la leche de marañón a una cacerola. Agregue la canela, los arándanos y las nueces. Cocine lentamente durante tres minutos.

2. Retire la sartén del fuego. Incorporar la miel. Decorar con semillas de chía antes de servir.

Información nutricional:Calorías 887 Grasa: 29,5 g Proteína: 44 Sodio: 85 mg Carbohidratos totales: 129,3 g Fibra dietética: 18,5 g

Waffles de boniato sin cereales

Porciones: 2

Tiempo de cocción: 15 minutos

Ingredientes:

Batatas, ralladas - 3 tazas

Harina de coco - 2 cucharadas

Arrurruz - 1 cucharada

huevos - 2

Aceite de soja - 1 cucharada

Canela, molida - 0.5 cucharadita

Nuez moscada, molida - 0.25 cucharadita

Sal marina - 0,25 cucharadita

Pasta de dátiles - 1 cucharada

Indicaciones:

1. Antes de mezclar los gofres, comience calentando la gofrera.

2. En un tazón, mezcle los huevos, el aceite de soya y la pasta de dátiles hasta que estén bien mezclados. Agregue los ingredientes restantes y mezcle hasta que todos los ingredientes estén distribuidos uniformemente.

3. Engrase la gofrera caliente y agregue un poco de la masa.

Acerque la plancha y deje que los waffles se cocinen hasta que estén dorados, unos seis o siete minutos. Una vez hecho esto, retire la oblea con un tenedor y luego cocine la segunda mitad de la masa de la misma manera.

4. Sirva los waffles de camote sin granos calientes con sus ingredientes favoritos, como yogur y bayas frescas, compota de frutas o jarabe con sabor a arce monje Lakanto.

Tortilla de setas, quinoa y espárragos

Porciones: 3

Tiempo de cocción: 30 minutos

Ingredientes:

2 cucharadas de aceite de oliva

1 taza de champiñones rebanados

1 taza de espárragos, cortados en trozos de 1 pulgada

½ taza de tomate picado

6 huevos grandes criados en pastos

2 claras de huevo grandes de pastoreo

¼ taza de leche vegetal

1 taza de quinua, cocida según paquete 3 cucharadas de albahaca picada

1 cucharada de perejil picado, decorar

Sal y pimienta para probar

Indicaciones:

1. Precaliente el horno a 3500F.

2. En una sartén, caliente el aceite de oliva a fuego medio.

3. Agregue los champiñones y los espárragos.

4. Sazone con sal y pimienta al gusto. Saltee durante 7 minutos o hasta que los champiñones y los espárragos estén dorados.

5. Agregue los tomates y cocine por otros 3 minutos. Poner a un lado.

6. Mientras tanto, mezcle los huevos, las claras de huevo y la leche en un tazón.

Poner a un lado.

7. Pon la quinoa en una fuente para horno y decora con la mezcla de vegetales. Vierta la mezcla de huevo.

8. Coloque en el horno y cocine por 20 minutos o hasta que los huevos estén listos.

Información nutricional:Calorías 450 Grasa total 37 g Grasa saturada 5 g Carbohidratos totales 17 g Carbohidratos netos 14 g Proteína 12 g Azúcar: 2 g Fibra: 3 g Sodio: 60 mg Potasio 349 mg

Huevos Rancheros: 3 porciones

Tiempo de cocción: 20 minutos

Ingredientes:

huevos - 6

Tortillas de maíz, pequeñas - 6

Frijoles refritos - 1.5 tazas

Chiles verdes cortados en cubitos, enlatados - 4 oz

Tomates Enlatados Asados - 14.5 oz

Aguacate, en rodajas - 1

Ajo, picado - 2 dientes

Cilantro, picado - 0.5 taza

Cebolla, en cubitos - 0.5

Sal marina - 0.5 cucharadita

Comino, molido - 0.5 cucharadita

Aceite de oliva virgen extra - 1 cucharadita

Pimienta negra, molida - 0.25 cucharadita

Indicaciones:

1. En una cacerola, cocine a fuego lento los tomates asados, los chiles verdes, la sal marina, el comino y la pimienta negra durante cinco minutos.

2. Mientras tanto, saltee la cebolla y el aceite de oliva en una sartén grande, agregando el ajo en el último minuto de cocción, unos cinco minutos en total.

3. Saltee los huevos según sus preferencias de cocción deseadas; calienta los frijoles refritos y calienta las tortillas.

4. Para servir, coloque los frijoles refritos, los tomates, las cebollas y los huevos sobre las tortillas. Cubra con el aguacate y el cilantro y luego disfrute fresco y caliente. Puede agregar un poco de salsa, queso o crema agria si lo desea.

Tortilla de champiñones y espinacas

Porciones: 2

Tiempo de cocción: 15 minutos

Ingredientes:

Aceite de oliva, una cucharada + una cucharada

Espinacas, frescas, picadas, una taza y media de cebolla verde, una cortada en cubitos

huevos, tres

Queso feta, una onza

Champiñones, botones, cinco en rodajas

Cebolla roja, cortada en cubitos, un cuarto de taza

Indicaciones:

1. Rehogar los champiñones, la cebolla y las espinacas durante tres minutos en una cucharada de aceite de oliva y reservar. Bate bien los huevos y cocínalos en la otra cucharada de aceite de oliva durante tres o cuatro minutos hasta que los bordes comiencen a dorarse. Espolvorea todos los

demás ingredientes sobre la mitad de la tortilla y dobla la otra mitad sobre los ingredientes salteados. Cocine durante un minuto por cada lado.

Información nutricional:Calorías 337 grasa 25 gramos proteína 22 gramos carbohidratos 5,4 gramos azúcar 1,3 gramos fibra 1 gramo

Waffles De Calabaza Y Plátano

Porciones: 4

Tiempo de cocción: 5 minutos

Ingredientes:

½ taza de harina de almendras

½ taza de harina de coco

1 cucharadita de bicarbonato de sodio

1 cucharadita y media de canela molida

¾ cucharadita de jengibre molido

½ cucharadita de clavo molido

½ cucharadita de nuez moscada molida

Sal al gusto

2 cucharadas de aceite de oliva

5 huevos orgánicos grandes

¾ taza de leche de almendras

½ taza de puré de calabaza

2 plátanos medianos, pelados y en rodajas

Indicaciones:

1. Precaliente la gofrera y luego engrásela.

2. En un tazón lo suficientemente grande, mezcle las harinas, el bicarbonato de sodio y las especias.

3. En una licuadora, agregue los ingredientes restantes y mezcle hasta que quede suave.

4. Agregue la mezcla de harina y bata hasta que

5. En la plancha para gofres precalentada, agregue la cantidad requerida de la mezcla.

6. Cocine durante unos 4-5 minutos.

7. Repita con la mezcla restante.

Información nutricional:Calorías: 357,2, Grasa: 28,5 g, Carbohidratos: 19,7 g, Fibra: 4 g, Proteína: 14 g

Revuelto de salmón ahumado Raciones: 2

Tiempo de cocción: 10 minutos

Ingredientes:

4 huevos

2 cucharadas de leche de coco

Cebollines frescos, picados

4 lonchas de salmón ahumado salvaje, picadas Sal al gusto

Indicaciones:

1. En un tazón, mezcle el huevo, la leche de coco y las cebolletas.

2. Engrasa la sartén con aceite y calienta a fuego medio-bajo.

3. Vierta la mezcla de huevo y revuelva los huevos mientras se cocinan.

4. Cuando los huevos comiencen a cuajar, agregue el salmón ahumado y cocine por otros 2 minutos.

Información nutricional:Calorías 349 Grasa total 23 g Grasa saturada 4 g Carbohidratos totales 3 g Carbohidratos netos 1 g Proteína 29 g Azúcar: 2 g Fibra: 2 g Sodio: 466 mg Potasio 536 mg

Risotto cremoso de parmesano con champiñones y coliflor

Porciones: 2

Tiempo de cocción: 18 minutos

Ingredientes:

1 diente de ajo, pelado, rebanado

½ taza de crema

½ taza de coliflor, arroz

½ taza de champiñones, en rodajas

Aceite de coco, para freír

queso parmesano, rallado, para decorar

Indicaciones:

1. Toma una sartén, ponla a fuego medio-alto, agrega el aceite de coco y cuando se derrita, agrega el ajo y los champiñones y cocina por 4

minutos o hasta que estén salteados.

2. Luego agregue la coliflor y la crema a la sartén, mezcle bien y cocine a fuego lento durante 12 minutos.

3. Transfiera el risotto a un plato, adorne con el queso y sirva.

Información nutricional:Calorías 179, grasa total 17,8 g, carbohidratos totales 4,4 g, proteína 2,8 g, azúcar 2,1 g, sodio 61 mg

Rancho de brócoli asado con queso cheddar

Porciones: 2

Tiempo de cocción: 30 minutos

Ingredientes:

1½ taza de floretes de brócoli

Sal y pimienta negra recién molida, al gusto 1/8 taza de condimento ranchero

1/8 taza de crema batida espesa

¼ taza de queso cheddar fuerte rallado

1 cucharada de aceite de oliva

Indicaciones:

1. Encienda el horno, luego ajuste la temperatura a 375 °F y deje que se precaliente.

2. Mientras tanto, tome un tazón mediano, agregue los floretes junto con los ingredientes restantes y mezcle hasta que estén bien combinados.

3. Tome una fuente para horno, engrase con aceite, una cucharada en la mezcla preparada y cocine por 30 minutos hasta que esté bien cocido.

4. Cuando termine, deje que la cacerola se enfríe durante 5 minutos y luego sirva.

<u>Información nutricional:</u>Calorías 111, grasa total 7,7 g, carbohidratos totales 5,7 g, proteína 5,8 g, azúcar 1,6 g, sodio 198 mg

Gachas súper proteicas

Porciones: 2

Tiempo de cocción: 8 minutos

Ingredientes:

¼ taza de nueces o pecanas, picadas en trozos grandes ¼ taza de coco tostado, sin azúcar

2 cucharadas de semillas de cáñamo

2 cucharadas de semillas de chía enteras

¾ taza de leche de almendras, sin azúcar

¼ taza de leche de coco

¼ taza de mantequilla de almendras, tostada

½ cucharadita de cúrcuma, molida

1 cucharada de aceite de coco virgen extra o aceite MCT

2 cucharadas de eritritol o 5-10 gotas de stevia líquida (opcional) una pizca de pimienta negra molida

½ cucharadita de canela o ½ cucharadita de vainilla en polvo

Indicaciones:

1. Coloque las nueces, las hojuelas de coco y las semillas de cáñamo en una cacerola caliente. Ase la mezcla durante 2 minutos o hasta que esté fragante. Remueve un par de veces para que no se queme. Transfiera la mezcla asada a un tazón. Poner a un lado.

2. Combine las almendras y la leche de coco en una cacerola pequeña a fuego medio. Calentar la mezcla.

3. Después de calentar, pero sin hervir, apague el fuego. Agregue todos los demás ingredientes. Mezclar bien hasta que se derrita por completo. Ponga a un lado durante 10 minutos.

4. Combine la mitad de la mezcla asada con la papilla. Recoge la papilla en dos tazones. Espolvorea cada tazón con la mitad restante de la mezcla tostada y la canela molida. Sirva la papilla inmediatamente.

Información nutricional:Calorías 572 Grasa: 19 g Proteína: 28,6 g Sodio: 87 mg Carbohidratos totales: 81,5 g Fibra dietética: 10 g

Avena con mango y coco

Porciones: 1

Ingredientes:

½ taza leche de coco

Sal kosher

1 c. avena a la antigua

1/3 c. mango fresco picado

2 cucharadas. Copos de coco sin azúcar

Indicaciones:

1. Hierva la leche en una cacerola mediana a fuego alto. Agregue la avena y la sal y baje el fuego a bajo. Cocine a fuego lento durante unos 5

minutos, hasta que la avena esté cremosa y tierna.

2. Mientras tanto, tueste las hojuelas de coco durante unos 2-3 minutos hasta que estén doradas en una sartén pequeña y seca a fuego lento.

3. Una vez hecho, cubre la avena con hojuelas de mango y coco, sirve y disfruta.

Información nutricional:Calorías: 428, Grasas: 18 g, Hidratos de carbono: 60 g, Proteínas: 10 g, Azúcares: 26 g, Sodio: 122 mg.

Porciones de tortilla de champiñones y espinacas

Porciones: 4

Tiempo de cocción: 30 minutos

Ingredientes:

6 huevos

60ml de leche

3 cucharadas (45 ml) de mantequilla

2 tazas (500 ml) de espinacas tiernas

Sal y pimienta

1 taza de queso cheddar rallado

1 cebolla, en rodajas finas

120 g de champiñones blancos cortados en rodajas

Indicaciones:

1. Precaliente el horno a 350°F (180°C), con la rejilla en la posición media. Engrasa una fuente para horno cuadrada de 20 cm. Poner a un lado.

2. Mezcle los huevos y la leche en un tazón grande con un batidor. Mezcle el queso. Sazone con pimienta y sal. Deja el tazón a un lado.

3. Cocine la cebolla, luego los champiñones en la mantequilla a fuego medio en una sartén antiadherente grande. Sazone con pimienta y sal. Agregue las espinacas, luego cocine durante aproximadamente 1 minuto, revolviendo constantemente.

4. Vierta la mezcla de champiñones en la mezcla de huevo. Retire y vierta en una fuente para horno. Hornea la tortilla durante unos 25 minutos o hasta que esté dorada y ligeramente inflada. Corta la tortilla en cuatro cuadrados y retírala del plato de servir con una espátula. Dispóngalas en un plato y listo, están listas para servir calientes o frías.

<u>Información nutricional:</u>Calorías 123 Carbohidratos: 4g Grasa: 5g Proteína: 15g

Manzanas con canela al vapor en olla de cocción lenta

Porciones: 6

Tiempo de cocción: 4 horas

Ingredientes:

8 manzanas (peladas, sin corazón)

2 cucharaditas de jugo de limón

2 cucharaditas de canela

½ cucharadita de nuez moscada

¼ taza de azúcar de coco

Indicaciones:

1. Coloque todos los elementos en la olla de cocción lenta.

2. Ponga la olla de cocción lenta a temperatura baja durante 3-4 horas.

3. Cocine hasta que las manzanas estén tiernas. Atender.

Información nutricional: Calorías 136 Grasa total: 0 g Carbohidratos: 36 g Proteína: 1 g Azúcar: 26 g Fibra 5 g Sodio: 6 mg Colesterol: 0 mg

pan de maíz integral

Porciones: 8

Tiempo de cocción: 35 minutos

Ingredientes:

Harina de Maíz Integral Amarilla - 1 taza

Harina integral blanca - 1 taza

huevo - 1

Pasta de dátiles - 2 cucharadas

Aceite de oliva virgen extra - 0,33 taza

Sal marina - 1 cucharadita

polvo de hornear - 1 cucharada

Bicarbonato de sodio - 0,5 cucharaditas

Leche de almendras - 1 taza

Indicaciones:

1. Caliente el horno a 400 grados Fahrenheit y prepare un molde para hornear redondo de ocho pulgadas o un molde para pan de hierro fundido. Engrasar generosamente el molde.

2. En una fuente para horno, mezcle la harina de maíz, la harina de trigo integral, la sal marina y los agentes leudantes hasta que estén bien mezclados.

3. En una fuente de cocción separada, mezcle los ingredientes restantes hasta que estén bien mezclados. Agregue la mezcla de harina, doblando los dos juntos hasta que estén bien mezclados.

4. Vierta la masa de pan de maíz en el molde para hornear preparado y colóquelo en el horno hasta que esté dorado y completamente asentado en el centro, aproximadamente veinticinco minutos. Retire el pan de maíz del horno y déjelo enfriar durante cinco minutos antes de rebanarlo.

tortilla de tomate

Porciones: 1

Tiempo de cocción: 8 minutos

Ingredientes:

huevos, dos

Albahaca, fresca, 1/2 taza

Tomates cherry, media taza

Pimienta negra, una cucharadita

Queso, de cualquier tipo, un cuarto de taza, rallado

Sal, media cucharadita

Aceite de oliva, dos cucharadas

Indicaciones:

1. Cortar los tomates en cuartos. Freír en aceite de oliva durante tres minutos. Deja los tomates a un lado. Sal y pimienta los huevos en un bol pequeño y batir bien. Vierta la mezcla de huevo batido en la sartén y use una espátula para trabajar suavemente los bordes debajo de la tortilla, dejando que los huevos se frían durante tres minutos. Cuando el tercio

central de la mezcla de huevo aún esté líquido, agregue la albahaca, los tomates y el queso. Dobla más de la mitad de la tortilla sobre la otra mitad. Cocine otros dos minutos y sirva.

Información nutricional:Calorías 342 carbohidratos 8 gramos proteína 20 gramos grasa 25,3 gramos

Avena con azúcar moreno y canela

Porciones: 4

Ingredientes:

½ cucharadita canela en polvo

1 1/2 cucharadita extracto puro de vainilla

¼ c. azúcar moreno claro

2 c. leche baja en grasa

1 1/3 c. avena rápida

Indicaciones:

1. Mida la leche y la vainilla en una cacerola mediana y hierva a fuego medio-alto.

2. Una vez que hierva, reduzca el fuego a medio. Agregue la avena, el azúcar moreno y la canela y cocine, revolviendo, de 2 a 3 minutos.

3. Sirva inmediatamente, espolvoreando con más canela si lo desea.

Información nutricional: Calorías: 208, Grasas: 3 g, Carbohidratos: 38 g, Proteínas: 8 g, Azúcares: 15 g, Sodio: 105 mg

Gachas de avena con peras asadas

Porciones: 2

Tiempo de cocción: 30 minutos

Ingredientes:

¼ cucharadita de sal

2 cucharadas de pecanas picadas

1 cucharadita de jarabe de arce puro

1 taza de yogur griego 0%, para servir

Peras

Papilla

½ taza de amaranto crudo

1/2 taza de agua

1 taza de leche al 2%

1 cucharadita de jarabe de arce

1 pera grande

1/2 cucharadita de canela molida

1/4 cucharadita de jengibre molido

1/8 de cucharadita de nuez moscada molida

1/8 cucharadita de clavo molido

Cobertura de pecanas/peras

Indicaciones:

1. Precalentar el horno a 400°C.

2. Escurra el amaranto y enjuáguelo. Combina con agua, una taza de leche y sal, lleva el amaranto a ebullición y deja que hierva a fuego lento.

Tape y cocine a fuego lento durante 25 minutos hasta que el amaranto esté suave, pero quede algo de líquido. Retire del fuego y deje que el amaranto se espese durante otros 5-10 minutos. Si lo desea, aplique un poco más de leche para suavizar la textura.

3. Mezcle las partes de pecanas junto con 1 cucharada de jarabe de arce.

Hornee durante 10 a 15 minutos, hasta que las nueces estén tostadas y el jarabe de arce se haya secado. Cuando termine, las nueces pueden volverse relativamente fragantes. Cuando se enfrían, las nueces son crujientes.

4. Corte las peras junto con las nueces y mezcle con la cucharadita restante de jarabe de arce y especias. Hornee durante 15 minutos en una sartén, hasta que las peras estén tiernas.

5. En la papilla, agregue 3/4 de las peras asadas. Divida el yogur entre dos tazones y cubra con las gachas, las nueces tostadas y los trozos de pera restantes.

Información nutricional:Calorías 55 Carbohidratos: 11 g Grasa: 2 g Proteína: 0 g

Crepes con crema dulce

Porciones: 2

Tiempo de cocción: 10 minutos

Ingredientes:

2 huevos orgánicos

1 cucharadita de stevia

Sal al gusto

2 cucharadas de aceite de coco, derretido, cantidad dividida

2 cucharadas de harina de coco

½ taza de crema

Indicaciones:

1. Rompe los huevos en un tazón, agrega 1 cucharada de aceite de coco, stevia y sal y bate con una batidora eléctrica hasta que estén bien mezclados.

2. Agregue lentamente la harina de coco hasta que se incorpore y luego agregue la crema espesa hasta que esté bien combinada.

3. Coge una sartén, ponla a fuego medio, engrasa con aceite y, cuando esté caliente, vierte la mitad de la mezcla y cocina durante unos 2

minutos por lado hasta que la crepe esté bien cocida.

4. Transfiera la crepa a un plato y cocine otra crepa de la misma manera usando la masa restante y luego sirva.

5. Para preparar la comida, envuelva cada crepa de natillas en un trozo de papel encerado, luego colóquelas en una bolsa de plástico, séllela y guárdela en el congelador hasta por tres días.

6. Cuando esté listo para comer, vuelva a calentar la crepa durante 2 minutos en el microondas hasta que esté caliente, luego sirva.

<u>Información nutricional:</u>298, grasa total 27,1 g, carbohidratos totales 8 g, proteína 7 g, azúcar 2,4 g, sodio 70 mg

Panqueques de harina de avena

Porciones: 1

Tiempo de cocción: 10 minutos

Ingredientes:

huevo - 1

Avena arrollada, molida - 0.5 taza

Leche de almendras - 2 cucharadas

Bicarbonato de sodio - 0.125 cucharadita

Polvo de hornear - 0.125 cucharadita

extracto de vainilla - 1 cucharadita

Pasta de dátiles - 1 cucharadita

Indicaciones:

1. Caliente su plancha o sartén antiadherente a fuego medio mientras prepara los panqueques.

2. Coloca los copos de avena en la licuadora o procesador de alimentos y licúa hasta obtener una harina fina. Añádelas a un bol, batiéndolas con el polvo de hornear y el bicarbonato de sodio.

3. En otro recipiente de cocina, mezcle el huevo con la leche de almendras, la pasta de dátiles y el extracto de vainilla hasta que estén bien mezclados. Agregue la mezcla de huevo endulzado/leche de almendras a la mezcla de avena y mezcle hasta que esté bien mezclado.

4. Engrase el molde y luego vierta la masa para panqueques dejando un pequeño espacio entre cada panqueque. Deje que los panqueques se cocinen durante unos dos o tres minutos, hasta que estén dorados y burbujeantes.

Voltee cuidadosamente los panqueques y cocine el otro lado durante un par de minutos hasta que estén dorados.

5. Retire las tortitas del fuego y sírvalas con fruta, yogur, compota o sirope de arce con sabor a fruta del monje Lakanto.

Deliciosa avena con aroma a arce

Porciones: 4

Tiempo de cocción: 20 minutos

Ingredientes:

Sabor arce, una cucharadita

Canela, una cucharadita

Semillas de girasol, tres cucharadas

Pecanas, media taza picadas

Hojuelas de coco, sin azúcar, 1/4 taza de nueces, 1/2 taza picadas

Leche, almendras o coco, media taza

Semillas de chía, cuatro cucharadas

Indicaciones:

1. Licúa las semillas de girasol, las nueces y las pecanas en un procesador de alimentos para desmenuzarlas. O simplemente puede colocar las nueces en una bolsa de plástico resistente, envolver la bolsa con una toalla, colocarla sobre una superficie resistente y golpear la toalla con un martillo hasta que

las nueces se desmoronen. Mezcla las nueces picadas con el resto de los ingredientes y viértelos en una olla grande.

Cocine a fuego lento esta mezcla a fuego lento durante treinta minutos. Remueve a menudo para que la mezcla no se pegue al fondo. Sirva adornado con fruta fresca o una pizca de canela si lo desea.

<u>Información nutricional:</u>Calorías 374 Carbohidratos 3,2 gramos Proteína 9,25 gramos Grasa 34,59 gramos

Batido de fresa y kiwi

Porciones: 1

Tiempo de cocción: 0 minutos

Ingredientes:

Kiwi, pelado y picado, uno

Fresas, frescas o congeladas, media taza de leche picada, almendras o coco, una taza

Albahaca, molida, una cucharadita

Cúrcuma, una cucharadita

Plátano, cortado en cubitos, uno

Semilla de chía en polvo, un cuarto de taza

Indicaciones:

1. Beba inmediatamente después de que todos los ingredientes estén bien mezclados.

Información nutricional:Calorías 250 azúcar 9,9 gramos grasa 1 gramo gramos 34 carbohidratos de fibra 4.3 gramos

Gachas de linaza con canela

Porciones: 4

Tiempo de cocción: 5 minutos

Ingredientes:

1 cucharadita de canela

1 cucharadita y media de stevia

1 cucharada de mantequilla sin sal

2 cucharadas de harina de linaza

2 cucharadas de avena con linaza

½ taza de coco rallado

1 taza de crema

2 tazas de agua

Indicaciones:

1. Tome una cacerola mediana, póngala a fuego lento, agregue todos los ingredientes, revuelva hasta que se mezclen y hierva la mezcla.

2. Cuando la mezcla haya hervido, retire la olla del fuego, mezcle bien y divídala en partes iguales entre cuatro tazones.

3. Deje reposar la papilla durante 10 minutos hasta que espese un poco, luego sirva.

Información nutricional:Calorías 171, grasa total 16 g, carbohidratos totales 6 g, proteína 2 g

Barras de desayuno de arándanos y camote
Tamaño de la porción: 8

Tiempo de cocción: 40 minutos

Ingredientes:

1 1/2 tazas de puré de camote

2 cucharadas de aceite de coco, derretido

2 cucharadas de jarabe de arce

2 huevos, criados en pasto

1 taza de harina de almendras

1/3 taza de harina de coco

1 ½ cucharadita de bicarbonato de sodio

1 taza de arándanos frescos, sin hueso y picados

¼ taza de agua

Indicaciones:

1. Precaliente el horno a 3500F.

2. Engrase un molde para hornear de 9 pulgadas con aceite de coco. Poner a un lado.

3. En un tazón para mezclar. Combine el puré de batata, el agua, el aceite de coco, el jarabe de arce y los huevos.

4. En otro recipiente, tamiza la harina de almendras, la harina de coco y el bicarbonato de sodio.

5. Agregue gradualmente los ingredientes secos a los ingredientes húmedos. Use una espátula para doblar y mezclar todos los ingredientes.

6. Vierta en el molde para hornear preparado y presione sobre los arándanos.

7. Coloque en el horno y hornee por 40 minutos o hasta que al insertar un palillo en el centro, éste salga limpio.

8. Deje reposar o enfriar antes de retirar de la sartén.

<u>Información nutricional:</u>Calorías 98 Grasa total 6 g Grasa saturada 1 g Carbohidratos totales 9 g Carbohidratos netos 8,5 g Proteína 3 g Azúcar: 7 g Fibra: 0,5 g Sodio: 113 mg Potasio 274 mg

Avena al horno con especias de calabaza

Porciones: 6

Tiempo de cocción: 35 minutos

Ingredientes:

Copos de avena - 1.5 tazas

Leche de almendras, sin azúcar - 0.75 taza

huevo - 1

Edulcorante de fruta de monje Lakanto - 0.5 taza

puré de calabaza - 1 taza

extracto de vainilla - 1 cucharadita

Pacanas, picadas - 0.75 taza

polvo de hornear - 1 cucharadita

Sal marina - 0.5 cucharadita

Especias para pastel de calabaza - 1.5 cucharaditas

Indicaciones:

1. Caliente el horno a 350 grados Fahrenheit y engrase una bandeja para hornear de ocho por ocho.

2. En un tazón, mezcle los copos de avena, la leche de almendras, los huevos y los ingredientes restantes hasta que la masa de avena esté bien mezclada. Vierta la mezcla de avena con especias de calabaza en la sartén engrasada y colóquela en el centro del horno.

3. Hornee la avena hasta que esté dorada y cuaje, alrededor de veinticinco a treinta minutos. Retire la avena horneada con especias de calabaza del horno y deje que se enfríe durante cinco minutos antes de servir. Disfrútalo caliente solo o con tu fruta y yogur favoritos.

Revuelto de espinacas y tomate

Porciones: 1

Ingredientes:

1 cucharadita. aceite de oliva

1 cucharadita. albahaca fresca picada

1 tomate mediano cortado en cubitos

¼ c. queso suizo

2 huevos

½ cucharadita pimienta de cayena

½ taza espinacas envasadas picadas

Indicaciones:

1. En un tazón pequeño, bata bien los huevos, la albahaca, la pimienta y el queso suizo.

2. Coloque una sartén mediana a fuego medio y caliente el aceite.

3. Agregue el tomate y saltee durante 3 minutos. Agregue las espinacas y cocine por 2 minutos o hasta que comience a marchitarse.

4. Vierta los huevos batidos y mezcle durante 2 a 3 minutos o hasta el punto de cocción deseado.

5. Diviértete.

Información nutricional: Calorías: 230, Grasas: 14,3 g, Carbohidratos: 8,4 g, Proteínas: 17,9

Batido tropical de zanahoria, jengibre y cúrcuma

Porciones: 1

Tiempo de cocción: 0 minutos

Ingredientes:

1 naranja sanguina, pelada y sin semillas

1 zanahoria grande, pelada y picada

½ taza de trozos de mango congelados

2/3 taza de agua de coco

1 cucharada de semillas de cáñamo crudas

¾ cucharadita de jengibre rallado

1 ½ cucharadita de cúrcuma pelada y rallada

Una pizca de pimienta de cayena

Una pizca de sal

Indicaciones:

1. Coloque todos los ingredientes en una licuadora y mezcle hasta que quede suave.

2. Dejar enfriar antes de servir.

Información nutricional:Calorías 259 Grasa total 6 g Grasa saturada 0,9 g Carbohidratos totales 51 g Carbohidratos netos 40 g Proteína 7 g Azúcar: 34 g Fibra: 11 g Sodio: 225 mg Potasio 1319 mg

Pan francés con canela y vainilla

Porciones: 4

Ingredientes:

½ cucharadita canela

3 huevos grandes

1 cucharadita. vainilla

8 rebanadas de pan integral

2 cucharadas. Leche baja en grasa

Indicaciones:

1. Primero, precaliente una plancha a 3500F.

2. Combine la vainilla, los huevos, la leche y la canela en un tazón pequeño y bata hasta que quede suave.

3. Vierta en un plato de fondo plano o refractario.

4. En la mezcla de huevo, sumerja el pan, voltee para cubrir ambos lados y colóquelo en la placa caliente.

5. Cocine por unos 2 minutos o hasta que el fondo esté ligeramente dorado, luego voltee y cocine el otro lado también.

Información nutricional: Calorías: 281,0, Grasas: 10,8 g, Carbohidratos: 37,2 g, Proteínas: 14,5 g, Azúcares: 10 g, Sodio: 390 mg.

Delicioso pavo

Porciones: 4

Tiempo de cocción: 15 minutos

Ingredientes:

1 libra de pavo molido

½ cucharadita de tomillo seco

1 cucharada de aceite de coco, derretido

½ cucharadita de canela molida

Para el hachís:

1 cebolla amarilla, picada

1 cucharada de aceite de coco, derretido

1 calabacín, picado

½ taza de zanahorias ralladas

2 tazas de calabaza moscada, en cubos

1 manzana, sin corazón, pelada y cortada en cubitos

2 tazas de espinacas tiernas

1 cucharadita de jengibre molido

1 cucharadita de canela en polvo

½ cucharadita de ajo en polvo

½ cucharadita de cúrcuma en polvo

½ cucharadita de tomillo seco

Indicaciones:

1. Caliente una sartén con 1 cucharada de aceite de coco a fuego medio-alto. Agregue el pavo, 1/2 cucharadita de tomillo y 1/2 cucharadita de canela molida. Revuelva y cocine por 5 minutos, luego transfiera a un tazón. Vuelva a calentar la sartén con 1 cucharada de aceite de coco a fuego medio-alto. Agregue la cebolla, revuelva y cocine por 2 minutos. Agregue los calabacines, las zanahorias, la calabaza, la manzana, el jengibre, 1 cucharadita de canela, ½

cucharadita de tomillo, cúrcuma y ajo en polvo. Revuelva y cocine por 3-4

minutos. Regrese la carne a la sartén, agregue las espinacas baby también. Revuelva y cocine por otros 1-2 minutos, luego divida entre platos y sirva para el desayuno.

2. ¡Diviértete!

<u>Información nutricional:</u> calorías 212, grasa 4, fibra 6, carbohidratos 8, proteína 7

Espaguetis con Queso, Albahaca y Pesto

Porciones: 2

Tiempo de cocción: 35 minutos

Ingredientes:

1 taza de calabaza espagueti cocida, escurrida

Sal y pimienta negra recién molida, al gusto ½ cucharada de aceite de oliva

¼ taza de requesón, sin azúcar

2 onzas de mozzarella fresca, en cubos

1/8 taza de pesto de albahaca

Indicaciones:

1. Encienda el horno, luego ajuste la temperatura a 375 °F y deje que se precaliente.

2. Mientras tanto, tome un tazón mediano, agregue los espaguetis y sazone con sal y pimienta negra.

3. Tome una fuente para horno, engrásela con aceite, agregue la mezcla de calabaza, adorne con ricotta y mozzarella y hornee por 10

minutos hasta que esté cocido.

4. Cuando termine, retire el plato del horno, espolvoree con pesto y sirva de inmediato.

Información nutricional:Calorías 169, grasa total 11,3 g, carbohidratos totales 6,2 g, proteína 11,9 g, azúcar 0,1 g, sodio 217 mg

Batido de naranja y melocotón

Porciones: 2

Ingredientes:

2 c. duraznos picados

2 cucharadas. yogur sin azúcar

Jugo de 2 naranjas

Indicaciones:

1. Comience quitando las semillas y la piel de los melocotones. Picar y dejar unos trozos de melocotón para decorar.

2. Coloque el melocotón picado, el jugo de naranja y el yogur en una licuadora y mezcle hasta que quede suave.

3. Si lo desea, puede agregar agua para diluir el batido.

4. ¡Vierte en vasos de vidrio y disfruta!

Información nutricional:Calorías: 170, Grasas: 4,5 g, Carbohidratos: 28 g, Proteínas: 7 g, Azúcares: 23 g, Sodio: 101 mg

Muffins De Plátano Y Mantequilla De Almendras

Porciones: 6

Tiempo de cocción: 30 minutos

Ingredientes:

Avena - 1 taza

Sal marina - 0,25 cucharadita

Canela, molida - 0.5 cucharadita

polvo de hornear - 1 cucharadita

Mantequilla de almendras - 0.75 taza

Plátano, puré - 1 taza

Leche de almendras, sin azúcar - 0,5 cucharadas

Extracto de vainilla - 2 cucharaditas

huevos - 2

Edulcorante de fruta de monje Lakanto - 0.25 taza

Indicaciones:

1. Caliente el horno a 350 grados Fahrenheit y cubra un molde para muffins con papel protector o engráselo si lo prefiere.

2. En un tazón de cocina, mezcle el puré de plátano con la mantequilla de almendras, la leche de almendras sin azúcar, los huevos, el extracto de vainilla y el edulcorante de fruta del monje. En una fuente para hornear separada, combine la avena, las especias y el polvo para hornear. Una vez que la mezcla de harina esté completamente combinada, viértela en el tazón con el puré de plátano y combina la mezcla de mantequilla de almendras/plátano y las mezclas de avena hasta que estén bien mezclados.

3. Divida la masa de muffins entre las doce hojas, llenando cada cavidad de muffins aproximadamente tres cuartos de su capacidad. Coloque el molde para muffins de plátano y mantequilla de almendras en el centro del horno caliente y déjelos cocinar hasta que estén listos y bien cocidos. Se hacen una vez que se ha pinchado un palillo por dentro y se ha extraído limpiamente.

Esto debería llevar de veinte a veinticinco minutos.

4. Deje que los muffins de plátano y mantequilla de almendras se enfríen antes de servirlos y luego disfrútelos.

ricota inglesa

Porciones: 1

Tiempo de cocción: 0 minutos;

Ingredientes:

6 cucharadas de ricota orgánica

3 cucharadas de semillas de lino

3 cucharadas de aceite de linaza

2 cucharadas de mantequilla de almendra cruda orgánica

1 cucharada de pulpa de coco orgánico

1 cucharada de miel cruda

¼ taza de agua

Indicaciones:

1. Combine todos los ingredientes en un tazón. Mezcle hasta que esté bien combinado.

2. Coloque en un tazón y enfríe antes de servir.

Información nutricional: Calorías 632 Grasa total 49 g Grasa saturada 5 g Carbohidratos totales 32 g Carbohidratos netos 26 g Proteína 23 g Azúcar: 22 g Fibra: 6 g Sodio: 265 mg Potasio 533 mg

Batido antiinflamatorio de espinaca y cereza

Porciones: 1

Tiempo de cocción: 0 minutos

Ingredientes:

1 taza de kéfir simple

1 taza de cerezas congeladas, sin hueso

½ taza de hojas de espinaca tierna

¼ taza de puré de aguacate maduro

1 cucharada de mantequilla de almendras

1 pieza de jengibre pelado (1/2 pulgada)

1 cucharadita de semillas de chía

Indicaciones:

1. Ponga todos los ingredientes en una licuadora.

2. Mezcle hasta que quede suave.

3. Dejar enfriar en la nevera antes de servir.

Información nutricional: Calorías 410 Grasa total 20 g Grasa saturada 4 g Carbohidratos totales 47 g Carbohidratos netos 37 g Proteína 17 g Azúcar: 33 g Fibra: 10 g Sodio: 169 mg Potasio 1163 mg

Shakshuka Picante

Porciones: 4

Tiempo de cocción: 37 minutos

Ingredientes:

2 cucharadas de aceite de oliva virgen extra

1 bulbo de cebolla, picado

1 jalapeño, sin semillas y picado

2 dientes de ajo, picados

1 libra de espinacas

Sal y pimienta negra recién molida

¾ de cucharadita de cilantro

1 cucharadita de comino seco

2 cucharadas de pasta de harissa

½ taza de caldo de verduras

8 piezas de huevos grandes

Hojuelas de pimiento rojo, para servir

Cilantro picado para servir

Perejil picado para servir

Indicaciones:

1. Precaliente el horno a 350°F.

2. Caliente el aceite en una sartén apta para horno a fuego medio. Incorpora la cebolla y saltea durante 5 minutos.

3. Agregue el jalapeño y el ajo y saltee por un minuto o hasta que estén fragantes. Agregue las espinacas y cocine por 5 minutos o hasta que las hojas estén completamente marchitas.

4. Sazone la mezcla con sal y pimienta, cilantro, comino y harissa. Cocine más durante 1 minuto.

5. Transfiera la mezcla a su procesador de alimentos: haga puré hasta que espese. Vierta el caldo y mezcle más hasta que quede suave.

6. Limpie y engrase la misma sartén con spray antiadherente para cocinar.

Vierta la mezcla de puré. Usando una cuchara de madera, forme ocho pocillos circulares.

7. Rompa suavemente cada huevo en los pocillos. Pon la sartén en el horno—

Cocinar durante 25 minutos o escalfar los huevos hasta que cuaje por completo.

8. Para servir, espolvorea el shakshuka con hojuelas de pimiento rojo, cilantro y perejil al gusto.

Información nutricional: Calorías 251 Grasa: 8,3 g Proteína: 12,5 g Sodio: 165 mg Carbohidratos totales: 33,6 g

Leche Dorada por 5 minutos

Porciones: 1

Tiempo de cocción: 5 minutos

Ingredientes:

1 1/2 tazas de leche de coco ligera

1 1/2 tazas de leche de almendras sin azúcar

1 1/2 cucharadita de cúrcuma molida

1/4 cucharadita de jengibre molido

1 rama de canela entera

1 cucharada de aceite de coco

1 pizca de pimienta negra molida

Endulzante de elección (es decir, azúcar de coco, jarabe de arce o stevia al gusto)

Indicaciones:

1. Agregue la leche de coco, la cúrcuma molida, la leche de almendras, el jengibre molido, la rama de canela, el aceite de coco, la pimienta negra y su edulcorante favorito en una cacerola pequeña.

2. Bate para mezclar a fuego medio y vuelve a calentar. Caliente al tacto hasta que esté caliente pero no hirviendo, aproximadamente 4 minutos, batiendo regularmente.

3. Apaga el fuego y prueba para cambiar el sabor. Para especias fuertes +

al gusto, agregue más edulcorante al gusto, o más cúrcuma o jengibre.

4. Sirva inmediatamente, rompa entre dos copas y deje atrás la rama de canela. Mejor fresco, aunque las sobras se pueden almacenar de 2 a 3 días en el refrigerador. Calentar a temperatura en la estufa o en el microondas.

Información nutricional:Calorías 205 Grasa: 19,5 g Sodio: 161 mg
Carbohidratos: 8,9 g Fibra: 1,1 g Proteína: 3,2 g

Avena sencilla para el desayuno

Porciones: 1

Tiempo de cocción: 8 minutos

Ingredientes:

2/3 taza de leche de coco

1 clara de huevo, criado en pasto

½ taza de avena de cocción rápida sin gluten

½ cucharadita de cúrcuma en polvo

½ cucharadita de canela

¼ de cucharadita de jengibre

Indicaciones:

1. Ponga la leche vegetal en una cacerola y caliente a fuego medio.

2. Incorpore la clara de huevo y continúe batiendo hasta que la mezcla quede suave.

3. Agregue el resto de los ingredientes y cocine por otros 3 minutos.

Información nutricional: Calorías 395 Grasa total 34 g Grasa saturada 7 g Carbohidratos totales 19 g Carbohidratos netos 16 g Proteína 10 g Azúcar: 2 g Fibra: 3 g Sodio: 76 mg Potasio 459 mg

Rosquillas de proteína de cúrcuma

Porciones: 8

Tiempo de cocción: 0 minutos

Ingredientes:

1 1/2 tazas de anacardos crudos

½ taza de dátiles medjool, sin hueso

1 cucharada de proteína de vainilla en polvo

½ taza de coco rallado

2 cucharadas de jarabe de arce

¼ de cucharadita de extracto de vainilla

1 cucharadita de cúrcuma en polvo

¼ taza de chocolate amargo

Indicaciones:

1. Combine todos los ingredientes excepto el chocolate en un procesador de alimentos.

2. Mezcle hasta que quede suave.

3. Enrolle la masa en 8 bolas y presiónelas en un molde para donas de silicona.

4. Colóquelo en el congelador durante 30 minutos para que cuaje.

5. Mientras tanto, hacer la cobertura de chocolate derritiendo el chocolate al baño maría.

6. Una vez que las donas se hayan solidificado, retírelas del molde y rocíe con el chocolate.

Información nutricional:Calorías 320 Grasa total 26 g Grasa saturada 5 g Carbohidratos totales 20 g Carbohidratos netos 18 g Proteína 7 g Azúcar: 9 g Fibra: 2 g Sodio: 163

mg de potasio 297 mg

Frittata de col rizada con queso cheddar

Porciones: 6

Ingredientes:

1/3 c. chalota en rodajas

¼ de cucharadita Pimienta

1 pimiento rojo picado

¾ c. leche desnatada

1 c. queso cheddar bajo en grasa rallado fuerte

1 cucharadita. aceite de oliva

5 onzas col rizada y espinacas

12 huevos

Indicaciones:

1. Precaliente el horno a 375°F.

2. Engrase una fuente de horno de vidrio con aceite de oliva.

3. En un bol, bate bien todos los ingredientes menos el queso.

4. Vierta la mezcla de huevo en el plato preparado y cocine por 35 minutos.

5. Retire del horno y espolvoree con queso y ase por 5 minutos.

6. Retire del horno y deje reposar por 10 minutos.

7. Corta y disfruta.

<u>Información nutricional:</u>Calorías: 198, Grasas: 11,0 g, Carbohidratos: 5,7 g, Proteínas: 18,7 g, Azúcares: 1 g, Sodio: 209 mg.

tortilla mediterranea

Porciones: 6

Tiempo de cocción: 20 minutos

Ingredientes:

Huevos, eres

Feta, desmenuzado, un cuarto de taza

Pimienta negra, un cuarto de cucharadita

Aceite, spray o oliva

Orégano, una cucharadita

Leche, almendras o coco, un cuarto de taza

Sal marina, una cucharadita

Aceitunas negras, picadas, un cuarto de taza

Aceitunas verdes, picadas, un cuarto de taza

Tomates, cortados en cubitos, un cuarto de taza

Indicaciones:

1. Caliente el horno a 400. Engrase un molde para hornear de ocho por ocho pulgadas.

Mezclar la leche con los huevos, luego agregar los demás ingredientes. Verter toda esta mezcla en el molde y hornear durante veinte minutos.

Información nutricional:Calorías 107 azúcares 2 gramos de grasa 7 gramos de carbohidratos 3

gramos de proteína 7 gramos

Alforfón Canela Jengibre Porciones Porciones: 5

Tiempo de cocción: 40 minutos

Ingredientes:

¼ taza de semillas de chía

½ taza de hojuelas de coco

1 1/2 tazas de nueces mixtas crudas

2 tazas de avena sin gluten

1 taza de sémola de trigo sarraceno

2 cucharadas de mantequilla de nuez

4 cucharadas de aceite de coco

1 taza de semillas de girasol

½ taza de semillas de calabaza

1 1/2 - 2 pulgadas de jengibre

1 cucharadita de canela en polvo

1/3 taza de jarabe de malta de arroz

4 cucharadas de cacao crudo en polvo - Opcional

Indicaciones:

1. Precalentar el horno a 180°C

2. Haga puré las nueces en el procesador de alimentos y mezcle rápidamente para picarlas en trozos grandes. Coloque las nueces picadas en un tazón y agregue todos los demás ingredientes secos combinando bien: avena, coco, canela, trigo sarraceno, semillas y sal en una cacerola a fuego lento, derrita suavemente el aceite de coco.

3. Agregue el cacao en polvo (si lo usa) a la mezcla húmeda y mezcle. Vierta la masa húmeda sobre la mezcla seca, luego mezcle bien para asegurarse de que todo esté cubierto. Transfiera la mezcla a una bandeja para hornear grande forrada con papel encerado engrasado o aceite de coco. Asegúrate de esparcir la mezcla de manera uniforme durante 35 a 40 minutos, volteándola a la mitad. ¡Hornee hasta que la granola esté crujiente y dorada!

4. Sirve con tu leche de frutos secos favorita, una cucharada de yogur de coco, fruta fresca y superalimentos: bayas de goji, linaza, polen de abeja, ¡lo que te apetezca! Mézclalo todos los días.

<u>Información nutricional:</u>Calorías 220 Carbohidratos: 38g Grasa: 5g Proteína: 7g

panqueques de cilantro

Porciones: 6

Tiempo de cocción: 6-8 minutos

Ingredientes:

½ taza de harina de tapioca

½ taza de harina de almendras

½ cucharadita de chile en polvo

¼ de cucharadita de cúrcuma molida

Sal y pimienta negra recién molida, al gusto 1 taza de leche de coco entera

½ cebolla roja picada

1 pieza (½ pulgada) de jengibre fresco, finamente rallado 1 chile serrano picado

½ taza de cilantro fresco, picado

Aceite según sea requiera

Indicaciones:

1. En un tazón grande, mezcle las harinas y las especias.

2. Agregue la leche de coco y mezcle hasta que quede suave.

3. Agregue la cebolla, el jengibre, el chile serrano y el cilantro.

4. Engrase ligeramente una sartén grande antiadherente con aceite y caliéntela a fuego medio-bajo.

5. Agregue aproximadamente ¼ de taza de la mezcla e incline la sartén para distribuirla uniformemente dentro de la sartén.

6. Cocine durante unos 3-4 minutos por ambos lados.

7. Repita con toda la mezcla restante.

8. Servir junto con el topping deseado.

Información nutricional:Calorías: 331, Grasa: 10g, Carbohidratos: 37g, Fibra: 6g, Proteína: 28g

Batido de pomelo y frambuesa Porciones: 1

Tiempo de cocción: 0 minutos

Ingredientes:

Jugo de 1 toronja, recién exprimido

1 plátano, pelado y en rodajas

1 taza de frambuesas

Indicaciones:

1. Coloque todos los ingredientes en una licuadora y mezcle hasta que quede suave.

2. Dejar enfriar antes de servir.

Información nutricional:Calorías 381 Grasa total 0,8 g Grasa saturada 0,1 g Carbohidratos totales 96 g Carbohidratos netos 85 g Proteína 4 g Azúcar: 61 g Fibra: 11 g Sodio: 11 mg Potasio 848 mg

Porciones de granola con mantequilla de maní

Porciones: 8

Tiempo de cocción: 25 minutos

Ingredientes:

Copos de avena - 2 tazas

Canela - 0.5 cucharadita

Mantequilla de maní, natural con sal - 0.5 taza

Pasta de dátiles - 1,5 cucharadas

Chispas de chocolate negro de Lily - 0.5 taza

Indicaciones:

1. Caliente el horno a 300 grados Fahrenheit y cubra una bandeja para hornear con pergamino o una estera de cocina de silicona.

2. En un tazón, mezcle la pasta de dátiles, la canela y la mantequilla de maní para combinar, luego agregue la avena, revolviendo hasta que la avena esté completamente cubierta. Extienda esta mezcla endulzada y especiada de manera uniforme en la bandeja para hornear en una capa delgada.

3. Coloque la granola de mantequilla de maní en el horno y cocine durante veinte minutos, revolviendo bien a la mitad del tiempo de cocción para evitar una cocción desigual y que se queme.

4. Retire la granola del horno y deje que se enfríe a temperatura ambiente antes de agregar las chispas de chocolate. Transfiera la granola de mantequilla de maní a un recipiente hermético para almacenar hasta que esté lista para usar.

Huevos revueltos al horno con cúrcuma

Porciones: 6

Tiempo de cocción: 15 minutos

Ingredientes:

8 a 10 huevos grandes criados en pastos

½ taza de leche de almendras o de coco sin azúcar

½ cucharadita de cúrcuma en polvo

1 cucharadita de cilantro picado

¼ cucharadita de pimienta negra

Una pizca de sal

Indicaciones:

1. Precaliente el horno a 3500F.

2. Engrasar una cacerola o refractario.

3. En un bol, bata el huevo, la leche, la cúrcuma en polvo, la pimienta negra y la sal.

4. Vierta la mezcla de huevo en la sartén.

5. Coloque en el horno y cocine por 15 minutos o hasta que los huevos estén listos.

6. Retire del horno y decore con cilantro picado.

<u>Información nutricional:</u>Calorías 203 Grasa total 16 g Grasa saturada 4 g Carbohidratos totales 5 g Carbohidratos netos 4 g Proteína 10 g Azúcar: 4 g Fibra: 1 g Sodio: 303

mg de potasio 321 mg

Tamaño de la porción de salvado de chía y avena para el desayuno: Tamaño de la porción: 2

Ingredientes:

85 g de almendras tostadas picadas

340 g de leche de coco

30 g de azúcar moreno

2½ g de ralladura de naranja

30 g de mezcla de linaza

170 g de copos de avena

340 g de arándanos

30 g de semillas de chía

2½ g de canela

Indicaciones:

1. Agrega todos los ingredientes húmedos y mezcla el azúcar y la leche con la ralladura de naranja.

2. Incorporar la canela y mezclar bien. Una vez que esté seguro de que el azúcar no tiene grumos, agregue los copos de avena, la linaza y la chía y deje reposar por un minuto.

3. Tome dos tazones o frascos de vidrio y vierta la mezcla en ellos. Completar con las almendras tostadas y reservar en la nevera.

4. ¡Sácalo por la mañana y disfruta!

Información nutricional:Calorías: 353, Grasas: 8 g, Carbohidratos: 55 g, Proteínas: 15 g, Azúcares: 9,9 g, Sodio: 96 mg

Muffins de ruibarbo, manzana y jengibre

Porciones: 8

Tiempo de cocción: 30 minutos

Ingredientes:

1/2 cucharadita de canela molida

1/2 cucharadita de jengibre molido

una pizca de sal

1/2 taza de harina de almendras (almendras molidas)

1/4 taza de azúcar sin refinar sin refinar

2 cucharadas de jengibre cristalizado finamente picado

1 cucharada de harina de linaza molida

1/2 taza de harina de trigo sarraceno

1/4 taza de harina de arroz integral fina

60ml de aceite de oliva

1 huevo de corral grande

1 cucharadita de extracto de vainilla

2 cucharadas de harina de maíz orgánica o arrurruz real 2 cucharaditas de levadura en polvo sin gluten

1 taza de ruibarbo finamente rebanado

1 manzana pequeña, pelada y cortada en cubitos

95 ml (1/3 taza + 1 cucharada) de leche de arroz o de almendras<u>Indicaciones:</u>

1. Precaliente el horno a 180°C / 350°C. Enmanteque o forre 8 1/3 tazas (80 ml) de moldes para muffins con una tapa de papel.

2. En un tazón mediano, combine la harina de almendras, el jengibre, el azúcar y las semillas de lino. Tamizar el polvo de hornear, las harinas y las especias y luego mezclar uniformemente. En la mezcla de harina, agregue el ruibarbo y la manzana para cubrir.

3. Bate la leche, el azúcar, el huevo y la vainilla en otro tazón más pequeño antes de verterlos en la mezcla seca y revuelve hasta que estén bien mezclados.

4. Divida la masa de manera uniforme entre las bandejas para hornear/recipientes de papel y hornee durante 20 minutos - 25 minutos o hasta que se levante y se dore alrededor de los bordes.

5. Retirar y dejar reposar durante 5 minutos antes de transferir a una rejilla para que se enfríe aún más.

6. Coma caliente oa temperatura ambiente.

Información nutricional:Calorías 38 Carbohidratos: 9 g Grasa: 0 g Proteína: 0 g

cereales y frutas para el desayuno

Porciones: 6

Ingredientes:

1 c. Pasas

¾ c. arroz integral de cocción rápida

1 manzana Granny Smith

1 naranja

8 oz. yogur de vainilla bajo en grasa

3 c. cascada

¾ c. bulgur

1 deliciosa manzana roja

Indicaciones:

1. A fuego alto, coloque una cacerola grande y hierva el agua.

2. Agregue el bulgur y el arroz. Baja el fuego a ebullición y cocina tapado durante diez minutos.

3. Apague el fuego, deje reposar durante 2 minutos mientras está cubierto.

4. En una asadera, transfiera y esparza los granos uniformemente para que se enfríen.

5. Mientras tanto, pela las naranjas y córtalas en gajos. Cortar y descorazonar las manzanas.

6. Una vez que el cereal esté frío, transfiéralo a un tazón grande para servir junto con la fruta.

7. Agregue el yogur y mezcle bien para cubrir.

8. Sirve y disfruta.

Información nutricional: Calorías: 121, Grasas: 1 g, Carbohidratos: 24,2 g, Proteínas: 3,8 g, Azúcares: 4,2 g, Sodio: 500 mg

Bruschetta con tomate y albahaca

Porciones: 8

Ingredientes:

½ taza albahaca picada

2 dientes de ajo picados

1 cucharada. vinagre balsámico

2 cucharadas. Aceite de oliva

½ cucharadita pimienta negra molida

1 baguette integral rebanada

8 tomates Roma maduros cortados en cubitos

1 cucharadita. sal marina

Indicaciones:

1. Primero, precaliente el horno a 375 F.

2. En un bol, trocea los tomates, mezcla el vinagre balsámico, la albahaca picada, el ajo, la sal, la pimienta y el aceite de oliva y reserva.

3. Corta la baguette en 16-18 rebanadas y colócala en una bandeja para hornear para que se cocine durante unos 10 minutos.

4. Sirve con rebanadas de pan tibio y disfruta.

5. Para las sobras, guárdelas en un recipiente hermético y refrigere.

Prueba a ponerlos sobre pollo a la parrilla, ¡es increíble!

<u>Información nutricional:</u>Calorías: 57, Grasas: 2,5 g, Carbohidratos: 7,9 g, Proteínas: 1,4 g, Azúcares: 0,2 g, Sodio: 261 mg

Panqueques De Canela Y Coco

Porciones: 2

Tiempo de cocción: 18 minutos

Ingredientes:

2 huevos orgánicos

1 cucharada de harina de almendras

2 onzas de queso crema

¼ taza de coco rallado y más para decorar ½ cucharada de eritritol

1/8 cucharadita de sal

1 cucharadita de canela

4 cucharadas de stevia

½ cucharada de aceite de oliva

Indicaciones:

1. Rompa los huevos en un tazón, bátalos hasta que estén suaves y luego bátalos con la harina y el queso crema hasta que quede suave.

2. Agregue los ingredientes restantes y luego mezcle hasta que estén bien combinados.

3. Tome una sartén, póngala a fuego medio, engrase con aceite, luego vierta la mitad de la masa y cocine durante 3-4 minutos por cada lado hasta que el panqueque esté bien cocido y dorado.

4. Transfiera el panqueque a un plato y cocine otro panqueque de la misma manera usando la masa restante.

5. Espolvorea el coco sobre las tortitas cocidas y sirve.

Información nutricional:Calorías 575, grasa total 51 g, carbohidratos totales 3,5 g, proteína 19 g

Avellana, arándano, plátano, avena: Porciones: 6

Tiempo de cocción: 2 horas

Ingredientes:

1/4 taza de almendras (tostadas)

1/4 taza de nueces

1/4 taza de nueces

2 cucharadas de linaza molida

1 cucharadita de jengibre molido

1 cucharadita de canela

1/4 cucharadita de sal marina

2 cucharadas de azúcar de coco

½ cucharadita de levadura en polvo

2 tazas de leche

2 plátanos

1 taza de arándanos frescos

1 cucharada de jarabe de arce

1 cucharadita de extracto de vainilla

1 cucharada de mantequilla derretida

yogur para servir

Indicaciones:

1. En un tazón grande, agregue las nueces, la linaza, el polvo para hornear, las especias y el azúcar de coco y mezcle.

2. En otro tazón, bata los huevos, la leche, el jarabe de arce y el extracto de vainilla.

3. Parta las bananas por la mitad y colóquelas en capas en la olla de cocción lenta con los arándanos.

4. Agregue la mezcla de avena y vierta sobre la mezcla de leche.

5. Rocíe con mantequilla derretida,

6. Cocine la olla de cocción lenta a fuego lento durante 4 horas o a fuego alto durante 4 horas. Cocine hasta que el líquido se absorba y la avena esté dorada.

7. Sirva caliente y cubra con yogur griego natural.

Información nutricional: Calorías 346 mg Grasa total: 15 g Carbohidratos: 45 g Proteína: 11 g Azúcares: 17 g Fibra 7 g Sodio: 145 mg Colesterol: 39 mg

Tosta con huevo escalfado y salmón

Porciones: 2

Tiempo de cocción: 4 minutos

Ingredientes:

Pan integral, dos rebanadas de centeno o jugo de limón tostado, un cuarto de cucharadita

Aguacate, dos cucharadas de puré de patatas

Pimienta negra, un cuarto de cucharadita

Huevos, dos escalfados

Salmón, ahumado, cuatro oz

Chalotes, una cucharada en rodajas finas

Sal, un octavo de cucharadita

Indicaciones:

1. Agregue jugo de limón al aguacate con pimienta y sal. Extienda el aguacate mixto sobre las rebanadas de pan tostado. Disponer el salmón ahumado sobre la tostada y decorar con un huevo escalfado. Cubra con la chalota en rodajas.

<u>Información nutricional:</u>Calorías 389 grasa 17,2 gramos proteína 33,5 gramos carbohidratos 31,5 gramos azúcar 1,3 gramos fibra 9,3 gramos

Budín con semillas de chía y canela

Porciones: 2

Tiempo de cocción: 0 minutos

Ingredientes:

Semillas de chía, cuatro cucharadas

Mantequilla de almendras, una cucharada

Leche de coco, tres cuartos de taza

Canela, una cucharadita

vainilla, una cucharadita

Café helado, tres cuartos de taza

Indicaciones:

1. Combine bien todos los sujetadores y vierta en un recipiente apto para refrigerador. Cubra bien y deje en el refrigerador durante la noche.

Información nutricional:Calorías 282 carbohidratos 5 gramos de proteína 5.9 gramos de grasa 24

gramos

huevos y queso

Porciones: 1

Ingredientes:

¼ c. Tomate picado

1 clara de huevo

1 cebolla verde picada

2 cucharadas. Leche desnatada

1 rebanada de pan integral

1 huevo

½ onza queso cheddar bajo en grasa rallado

Indicaciones:

1. Mezclar el huevo y las claras de huevo en un bol y añadir la leche.

2. Revuelva la mezcla en una sartén antiadherente hasta que los huevos estén bien cocidos.

3. Mientras tanto, tostar el pan.

4. Vierta la mezcla de huevos revueltos sobre la tostada y cubra con el queso hasta que se derrita.

5. Agregue la cebolla y el tomate.

Información nutricional:Calorías: 251, Grasas: 11,0 g, Carbohidratos: 22,3 g, Proteínas: 16,9

g, Azúcares: 1,8 g, Sodio: 451 mg

Hash Browns Tex-Mex

Porciones: 4

Tiempo de cocción: 30 minutos

Ingredientes:

1 1/2 libras de papas, cortadas en cubitos

1 cucharada de aceite de oliva

Pimienta la necesaria

1 cebolla, picada

1 pimiento rojo picado

1 jalapeño, cortado en aros

1 cucharadita de aceite

½ cucharadita de comino molido

1/2 cucharadita de mezcla de condimentos para tacos

Indicaciones:

1. Precaliente la freidora a 320 grados F.

2. Revuelva las papas en 1 cucharada de aceite.

3. Sazone con pimienta.

4. Transfiera a la cesta de la freidora.

5. Freír al aire durante 20 minutos, agitando dos veces durante la cocción.

6. Combine los ingredientes restantes en un tazón.

7. Agregue a la freidora.

8. Mezcle bien.

9. Hornee a 356 grados F durante 10 minutos.

Shirataki con Aguacate y Nata

Porciones: 2

Tiempo de cocción: 6 minutos

Ingredientes:

½ paquete de fideos shirataki, cocidos

½ aguacate

½ cucharadita de pimienta negra molida

½ cucharadita de sal

½ cucharadita de albahaca seca

1/8 taza de crema

Indicaciones:

1. Coloque una cacerola mediana llena hasta la mitad con agua a fuego medio, hierva, luego agregue los fideos y cocine por 2 minutos.

2. Luego escurra los fideos y déjelos a un lado hasta que los necesite.

3. Coloque el aguacate en un tazón, macháquelo con un tenedor, 4. Triture el aguacate en un tazón, transfiéralo a una licuadora, agregue los ingredientes restantes y mezcle hasta que quede suave.

5. Tome una sartén, póngala a fuego medio y cuando esté caliente, agregue los fideos, vierta la mezcla de aguacate, mezcle bien y cocine por 2

minutos hasta que esté caliente.

6. Sirva inmediatamente.

Información nutricional:Calorías 131, grasa total 12,6 g, carbohidratos totales 4,9 g, proteína 1,2 g, azúcar 0,3 g, sodio 588 mg

Deliciosas porciones de papilla

Porciones: 2

Tiempo de cocción: 30 minutos

Ingredientes:

½ taza de agua

1 taza de leche de almendras, sin azúcar

½ taza de amaranto

1 pera, pelada y cortada en cubitos

½ cucharadita de canela molida

¼ de cucharadita de jengibre fresco rallado

Una pizca de nuez moscada en polvo

1 cucharadita de jarabe de arce

2 cucharadas de pecanas picadas

Indicaciones:

1. En un cazo ponemos el agua y la leche de almendras, llevamos a ebullición a fuego medio, añadimos el amaranto, removemos y cocinamos durante 20 minutos.

Agregue la pera, la canela, el jengibre, la nuez moscada y el jarabe de arce y mezcle.

Cocine a fuego lento durante otros 10 minutos, divida en tazones y sirva con las nueces espolvoreadas encima.

2. ¡Diviértete!

Información nutricional:calorías 199, grasa 9, fibra 4, carbohidratos 25, proteína 3

Tortitas de harina de almendras con queso crema

Porciones: 2

Tiempo de cocción: 18 minutos

Ingredientes:

½ taza de harina de almendras

1 cucharadita de eritritol

½ cucharadita de canela

2 onzas de queso crema

2 huevos orgánicos

1 cucharada de mantequilla sin sal

Indicaciones:

1. Prepare la masa para panqueques y, para ello, ponga la harina en una licuadora, agregue los ingredientes restantes y mezcle durante 2 minutos hasta que quede suave.

2. Verter la masa en un bol y dejar reposar durante 3 minutos.

3. Luego tome una sartén grande, colóquela a fuego medio, agregue la mantequilla y cuando se haya derretido, vierta ¼ de la masa para panqueques preparada.

4. Extienda la masa uniformemente en la sartén, cocine durante 2 minutos por cada lado hasta que estén doradas y luego transfiera el panqueque a un plato.

5. Cocine tres panqueques más de la misma manera usando la masa restante y, una vez cocidos, sirva los panqueques con sus bayas favoritas.

Información nutricional:Calorías 170, grasa total 14,3 g, carbohidratos totales 4,3, proteína 6,9 g, azúcar 0,2 g, sodio 81 mg

Muffins de queso con semillas de lino y semillas de cáñamo Porciones: 2

Tiempo de cocción: 30 minutos

Ingredientes:

1/8 taza de harina de linaza

¼ taza de semillas de cáñamo crudas

¼ taza de harina de almendras

Sal al gusto

¼ de cucharadita de levadura en polvo

3 huevos orgánicos, batidos

1/8 taza de hojuelas de levadura nutricional

¼ taza de requesón, bajo en grasa

¼ taza de parmesano rallado

¼ taza de chalotes, en rodajas finas

1 cucharada de aceite de oliva

Indicaciones:

1. Encienda el horno, luego ajústelo a 360°F y déjelo precalentar.

2. Mientras tanto, toma dos moldes, engrásalos con aceite y déjalos a un lado hasta que los necesites.

3. Tome un tazón mediano, agregue las semillas de lino, las semillas de cáñamo y la harina de almendras, luego agregue sal y polvo de hornear hasta que quede suave.

4. Rompe los huevos en otro tazón, agrega el polvo de hornear, la ricota y el queso parmesano, mezcla bien hasta que se mezclen, luego revuelve la mezcla con la mezcla de harina de almendras hasta que se incorpore.

5. Agregue los chalotes, luego distribuya la mezcla entre los moldes preparados y hornee durante 30 minutos hasta que los panecillos estén firmes y la parte superior esté dorada.

6. Al terminar, retira los muffins de los moldes y déjalos enfriar completamente sobre una rejilla.

7. Para preparar la comida, envuelva cada panecillo con una toalla de papel y refrigere por hasta treinta y cuatro días.

8. Cuando esté listo para comer, vuelva a calentar los panecillos en el microondas hasta que estén tibios, luego sirva.

<u>Información nutricional:</u>Calorías 179, grasa total 10,9 g, carbohidratos totales 6,9 g, proteína 15,4 g, azúcar 2,3 g, sodio 311 mg

Waffles De Coliflor Con Queso Y Cebollino

Porciones: 2

Tiempo de cocción: 15 minutos

Ingredientes:

1 taza de floretes de coliflor

1 cucharada de cebollín picado

½ cucharadita de pimienta negra molida

1 cucharadita de cebolla en polvo

1 cucharadita de ajo en polvo

1 taza de muzzarella rallada

½ taza de parmesano rallado

2 huevos orgánicos, batidos

1 cucharada de aceite de oliva

Indicaciones:

1. Encienda la gofrera, engrásela con aceite y déjela precalentar.

2. Mientras tanto, prepara la masa para gofres y para ello, pon todos sus ingredientes en un bol y bate hasta que se mezclen bien.

3. Vierta la mitad de la masa en la gofrera caliente, cierre la tapa y cocine hasta que estén doradas.

4. Saque el waffle y hornee otro waffle de la misma manera usando la masa restante.

5. Para preparar la comida, coloque los waffles en un recipiente hermético, sepárelos con papel encerado y guárdelos hasta por cuatro días.

<u>Información nutricional:</u>Calorías 149, grasa total 8,5 g, carbohidratos totales 6,1 g, proteína 13,3 g, azúcar 2,3 g, sodio 228 mg

Sándwiches de desayuno

Porciones: 1

Tiempo de cocción: 7 minutos

Ingredientes:

1 desayuno congelado

Indicaciones:

1. Fríe el sándwich con aire a 340 grados F durante 7 minutos.

Magdalenas vegetarianas saladas

Porciones: 5

Tiempo de cocción: 18-23 minutos

Ingredientes:

¾ taza de harina de almendras

½ cucharadita de bicarbonato de sodio

¼ taza de concentrado de proteína de suero en polvo

2 cucharaditas de eneldo fresco, picado

Sal al gusto

4 huevos orgánicos grandes

1 ½ cucharada de levadura nutricional

2 cucharaditas de vinagre de sidra de manzana

3 cucharadas de jugo de limón fresco

2 cucharadas de aceite de coco, derretido

1 taza de manteca de coco, suavizada

1 manojo de chalotes, picados

2 zanahorias medianas, peladas y ralladas

½ taza de perejil fresco picado

Indicaciones:

1. Precaliente el horno a 350 grados F. Engrase 10 tazas de su molde grande para muffins.

2. En un tazón grande, mezcle la harina, el bicarbonato de sodio, la proteína en polvo y la sal.

3. En otro recipiente, agrega los huevos, la levadura nutricional, el vinagre, el jugo de limón y el aceite y bate hasta que se mezclen bien.

4. Agregue la mantequilla de coco y bata hasta que quede suave.

5. Agregue la mezcla de huevo a la mezcla de harina y mezcle hasta que esté bien combinado.

6. Agregue los chalotes, los carros y el perejil.

7. Distribuya uniformemente la amalgama en los moldes para muffins preparados.

8. Hornee durante aproximadamente 18-23 minutos o hasta que al insertar un palillo en el centro, éste salga limpio.

Información nutricional: Calorías: 378, Grasa: 13 g, Carbohidratos: 32 g, Fibra: 11 g, Proteína: 32 g

Panqueques de zucchini

Porciones: 8

Tiempo de cocción: 6-10 minutos

Ingredientes:

1 taza de harina de garbanzo

1 1/2 tazas de agua, dividida

¼ de cucharadita de semillas de comino

¼ de cucharadita de pimienta de cayena

¼ de cucharadita de cúrcuma molida

Sal al gusto

½ taza de calabacín, rallado

½ taza de cebolla morada, finamente picada

1 chile verde, sin semillas y finamente picado

¼ taza de cilantro fresco, picado

Indicaciones:

1. En un tazón grande, agregue la harina y 3/4 taza de agua y bata hasta que quede suave.

2. Agrega el agua restante y bate hasta obtener un 3. Agrega la cebolla, el jengibre, el chile serrano y el cilantro.

4. Engrase ligeramente una sartén antiadherente con aceite y caliente a fuego medio-bajo.

5. Agregue aproximadamente ¼ de taza de la mezcla e incline la sartén para distribuirla uniformemente en la sartén.

6. Cocine durante unos 4-6 minutos.

7. Cambie con cuidado el lado y cocine durante unos 2-4 minutos.

8. Repita mientras usa la mezcla restante.

9. Sirva con la guarnición deseada.

<u>Información nutricional:</u>Calorías: 389, Grasa: 13g, Carbohidratos: 25g, Fibra: 4g, Proteína: 21g

Hamburguesa con huevo y aguacate

Porciones: 1

Tiempo de cocción: 5 minutos

Ingredientes:

1 aguacate maduro

1 huevo, criado en pasto

1 rodaja de cebolla roja

1 rodaja de tomate

1 hoja de lechuga

Semillas de sésamo para decorar

Sal al gusto

Indicaciones:

1. Pelar el aguacate y quitarle la semilla. Cortar el aguacate por la mitad. Esto servirá como sándwich. Poner a un lado.

2. Engrasa una sartén a fuego medio y fríe el huevo por 5 minutos o hasta que cuaje.

3. Arma la hamburguesa de desayuno colocándola encima de una mitad de aguacate con el huevo, la cebolla morada, el tomate y la hoja de lechuga.

4. Cubra con el bollo de aguacate restante.

5. Adorne con semillas de sésamo por encima y sazone con sal al gusto.

Información nutricional:Calorías 458 Grasa total 39 g Grasa saturada 4 g Carbohidratos totales 20 g Carbohidratos netos 6 g, proteína 13 g Azúcar: 8 g Fibra: 14 g Sodio: 118 mg Potasio 1184 mg

Espinacas sabrosas y cremosas

Porciones: 2

Tiempo de cocción: 12 minutos

Ingredientes:

½ taza de harina de almendras

½ cucharadita de ajo en polvo

½ cucharadita de sal

1 huevo orgánico

1 1/2 cucharadas de crema para batir

¼ taza de queso feta, desmenuzado

½ cucharada de aceite de oliva

Indicaciones:

1. Encienda el horno, luego ajuste la temperatura a 350°F y deje que se precaliente.

2. Mientras tanto, prepare la masa para galletas, y para eso, ponga todos los ingredientes en una licuadora y luego mezcle por 2 minutos hasta que quede suave.

3. Prepara las galletas y para eso, coloca la masa preparada en un espacio de trabajo y luego dale forma de bolas de 1 pulgada.

4. Tome una bandeja para hornear, engrase con aceite, luego coloque las galletas en ella, a cierta distancia entre sí, y hornee durante 12 minutos hasta que estén cocidas y bien doradas.

5. Cuando estén listas, deje que las galletas se enfríen en el molde durante 5 minutos, luego transfiéralas a una rejilla para que se enfríen por completo y sirva.

<u>Información nutricional:</u>Calorías 294, grasa total 24 g, carbohidratos totales 7,8 g, proteína 12,2 g, azúcar 1,1 g, sodio 840 mg

Avena especial de manzana y canela

Porciones: 2

Ingredientes:

1 manzana cortada en cubitos

2 cucharadas. semillas de chia

½ cucharada canela en polvo

½ cucharadita extracto puro de vainilla

1¼ c. leche desnatada

Sal kosher

1 c. avena a la antigua

2 cucharaditas Miel

Indicaciones:

1. Divide la avena, las semillas de chía o la linaza molida, la leche, la canela, la miel o el jarabe de arce, el extracto de vainilla y la sal en dos tarros de albañil.

Coloque las tapas bien ajustadas en la parte superior y agite hasta que esté completamente mezclado.

2. Retire las tapas y agregue la mitad de la manzana cortada en cubitos a cada frasco.

Espolvorea con más canela, si lo deseas. Vuelva a colocar las tapas de los frascos y refrigere durante al menos 4 horas o toda la noche.

3. Puede almacenar avena durante la noche en recipientes de una sola porción en el refrigerador hasta por 3 días.

Información nutricional:Calorías: 339, Grasas: 8 g, Hidratos de Carbono: 60 g, Proteínas: 13 g, Azúcares: 15 g, Sodio: 161 mg.

Huevo y verduras (bomba antiinflamatoria)

Porciones: 4

Tiempo de cocción: 35 minutos

Ingredientes:

Patatas nuevas, en cuartos - 10 oz

Calabacín picado - 1

Ajo, picado - 2 dientes

Pimiento rojo picado - 1

Pimiento amarillo picado - 1

Cebolla verde picada - 2

Aceite de oliva virgen extra - 2 cucharadas

Sal marina - 0,75 cucharadita

Hojuelas de pimiento rojo - 0.5 cucharadita

Huevos, grandes - 4

Pimienta negra, molida - 0.25 cucharadita

Indicaciones:

1. Hierva las papas en cuartos en una olla grande con agua con sal hasta que estén tiernas, alrededor de seis a ocho minutos. Escúrralos desechando el agua.

2. Agregue las papas nuevas cortadas en cuartos a una sartén grande junto con los pimientos, el calabacín, el ajo y el aceite de oliva. Espolvoree el condimento de picadillo de huevo encima y luego deje que el picadillo se saltee hasta que las verduras estén doradas, alrededor de ocho a diez minutos.

Asegúrate de revolver bien el picadillo cada dos minutos para que se cocine uniformemente.

3. Una vez que las verduras estén listas, use una cuchara para crear cuatro cráteres o pozos para que entren los huevos. Rompe los huevos en los cráteres, un huevo por cráter. Coloque una tapa en la sartén y deje que los huevos se cocinen hasta que estén cocidos a su gusto, aproximadamente de 4 a 5 minutos.

4. Retire la sartén de verduras del fuego, espolvoree las cebollas verdes y disfrute el picadillo y los huevos mientras están calientes.

www.ingramcontent.com/pod-product-compliance
Lightning Source LLC
Chambersburg PA
CBHW070417120526
44590CB00014B/1427